Márcia & Darrell Marinho

Quando a *família* corre *perigo*

7 *armadilhas que podem destruir seu maior patrimônio*

©2019 por Darrell & Márcia Marinho

Revisão
Sônia Lula
Raquel Fleischner

Capa
Douglas Lucas

Diagramação
Sonia Peticov

Gerente editorial
Juan Carlos Martinez

1ª edição – Julho de 2019
Reimpressão - Agosto de 2019

Coordenador de produção
Mauro W. Terrengui

Impressão e acabamento
Imprensa da fé

Todos os direitos desta edição reservados para:
Editora Hagnos
Av. Jacinto Júlio, 27
04815-160 - São Paulo - SP - Tel. Fax: (11) 5668-5668
hagnos@hagnos.com.br - www.hagnos.com.br

Dados Internacionais de Catalogação na Publicação (CIP)
Angélica Ilacqua CRB-8/7057

Marinho, Darrell
Quando a família corre perigo: sete armadilhas que podem destruir o seu maior patrimônio / Darrell Marinho, Márcia Marinho. — São Paulo: Hagnos, 2019.
176 p.

ISBN 978-85-243-0573-3

1. Família — Aspectos religiosos — Cristianismo 2. Palavra de Deus (Teologia cristã) 3. Vida cristã I. Título II. Marinho, Márcia

19-0873	CDD-248.8

Índice para catálogo sistemático:

1. Vida cristã: Família

Editora associada à:

Sumário

Introdução • 5

ARMADILHA 1
Perda de referências • 11

ARMADILHA 2
Amando errado • 33

ARMADILHA 3
Afinal, o que é prioridade? • 61

ARMADILHA 4
Má gestão financeira • 85

ARMADILHA 5
Quem não se comunica se complica • 105

ARMADILHA 6
O amor à tecnologia • 123

ARMADILHA 7
Distância de Deus • 145

Conclusão: A jornada começa agora • 167

Introdução

O mundo todo comenta que a família está sob ataque, nunca na história tivemos um momento tão delicado para algo tão importante e fundamental na vida, como as nossas famílias. Tanto os sociólogos, quanto os filósofos, os líderes religiosos e os educadores, todos são unânimes em relatar as mudanças que estão ocorrendo e quão frágil está a estrutura familiar tal qual a conhecemos.

No passado, a estrutura familiar moldava a sociedade, agora vemos a sociedade querendo interferir no formato da família e definir o que deve ou não acontecer no seu lar e mais do que isso, como deve ser constituída a sua família.

As pessoas se casam já acreditando que o divórcio é uma possibilidade; como já entram no jogo achando que podem perder, o número de casamentos desfeitos sobe a cada ano. Por esse motivo, cada vez é maior o número de filhos que vivem ou com a mãe ou apenas com o pai, e com essa nova geração de pais solteiros, sempre vai ficar faltando uma das referências na formação de uma criança em seu dia a dia.

Alguns pais de hoje provêm de uma geração pós-ditadura, o que significa dizer que tiveram pais muito severos e tinham que responder a altas cobranças. Por não desejar fazer o mesmo que seus pais, a geração atual, que hoje tem entre 30 e 50 anos, tem aberto mão de determinados valores e princípios, criando seus filhos de uma forma bem mais liberal. Como consequência natural vemos diminuir nos jovens o respeito à autoridade, bem como a boa educação do dia a dia.

Temos vivido algo que o sociólogo polonês Zygmunt Bauman denominou modernidade líquida.[1] Segundo ele, os tempos são "líquidos" porque tudo muda muito rapidamente. As relações são frágeis e se formam numa base de troca de valores, na qual os fatores externos são mais importantes do que os internos; de imediatismo, quando tudo é para ontem, chegando a crer que tudo é passageiro; sem falar no hedonismo cada vez mais presente, segundo o qual a satisfação pessoal está acima de qualquer coisa.

No entanto, mesmo vivendo em um mundo que tem mudado muito, precisamos olhar o passado para entender o futuro; quando voltamos na história, vemos que, ao longo das eras e dos tempos, a família tem se defrontado com mudanças, mas nunca desapareceu.

A história nos mostra o surgimento e a queda de vários impérios e sociedades, como no caso de Roma, da Grécia e do próprio Egito. Sempre que as sociedades estavam em seu melhor momento de poder e prosperidade, as famílias eram fortes e bem estabelecidas. Assim que a família passou a ser atacada e desvalorizada, a sociedade começou a cair e a se fragmentar.

O sucesso de qualquer sociedade começa na família. É no interior do ambiente doméstico que as nossas necessidades mais básicas devem ser atendidas e satisfeitas: afetiva, sexual, intelectual, material, espiritual e relacional. Se não temos isso no lar, seremos muito mais frágeis fora de seu contexto.

A nossa vida mudou consideravelmente quando tivemos um encontro com Deus e notamos que não poderíamos deixar a nossa família à deriva. Que não seríamos apenas uma estatística das famílias fracassadas; pelo contrário, faríamos algo diferente no nosso lar. Quando vimos que estávamos correndo perigo, tomamos uma decisão: ou seríamos uma vítima desse mundo cruel e perderíamos o nosso lar, ou tomaríamos as rédeas e protegeríamos de vez a nossa casa.

---

[1]Disponível em: <https://istoe.com.br/102755_VIVEMOS+TEMPOS+LIQUI-DOS +NADA+E+PARA+DURAR+/>. Acesso: 12 dez. 2018.

INTRODUÇÃO

Nunca foi fácil fazer essa escolha, pois tínhamos tudo para dar errado, para ser sincero com você. No momento em que Jesus nos resgatou, o nosso casamento já era só uma fachada; a nossa família só era bonita na foto das redes sociais, mas o que vivíamos era um verdadeiro vazio por dentro; éramos os próximos na fila do divórcio.

Mas resolvemos atuar. Não ficamos vendo o bonde passar, porque entendíamos que era preciso recomeçar. A Bíblia é um livro de novos começos, e a vida cristã em si já é a proposta de algo completamente novo; e foi isso que fizemos. Buscamos o reino de Deus em primeiro lugar e cremos que as demais coisas têm tomado o rumo certo.

Você é o responsável pelo que cria para você, para a sua família e pelo que faz aos que o rodeiam. Entender que a responsabilidade é pessoal é fundamental, pois muitas vezes não saímos do círculo de culpar o outro, tornando-nos vítimas e deixando de agir de forma proativa para o bem da nossa família.

Tenha em mente que, se você não agir, então, sim, a sua família correrá perigo. Entender que cada um dos membros da família precisa melhorar, como mãe, pai, filho, marido, esposa, amigo, servo de Deus etc., é fundamental para que cada um possa exercer o papel que Deus tem para nós.

Se olharmos para a história de Noé[2], perceberemos que sempre contamos a história de Noé considerando que ele era um homem bom, que sua família fora escolhida por Deus, mas muitas vezes nos esquecemos de mencionar quanto foi trabalhoso construir aquela arca.

Deus disse a Noé o que ele deveria fazer, mas, se ele e sua família não tivessem concluído a tarefa recebida, eles não teriam se salvado do Dilúvio. Deus não fez aparecer uma arca; foram Noé e sua família que a construíram.

---

[2]Gênesis 6—9.

Deus deu literalmente os detalhes para a construção. Quando estamos seguindo o Senhor, Ele pode até dar a direção, uma vez que sua Palavra tem diversos guias para que uma casa seja abençoada, mas a decisão de construir e executar cada ordem é nossa. A Bíblia afirma que Noé fez tudo exatamente como Deus lhe tinha ordenado. Precisamos tomar essa atitude na nossa vida e também dentro na nossa casa.

Aqui você terá um material rico, testado não apenas na nossa família, como também na vida de milhares de pessoas que temos acompanhado em palestras por todo o Brasil e nas redes sociais.

Por si só, este livro não terá poder algum, mesmo que o leia de capa a capa. O que fará total diferença é o que você decidir fazer com os ensinamentos presentes neste material.

Muitas vezes, sofremos com famílias destruídas, lares desfeitos, situações que não podem ser remediadas. No entanto, e se você já soubesse quais são os perigos, se você conseguisse um mapa do caminho que deve seguir e das armadilhas que pode encontrar pelo caminho, não seria muito melhor?

Essa é a proposta deste livro. Acreditamos na máxima de que é melhor prevenir do que remediar. Portanto, aqui você aprenderá quais são as sete maiores armadilhas que cercam as famílias nos dias atuais, e como você poderá evitar cair nelas e proteger o seu maior patrimônio. Será uma jornada empolgante.

A cada capítulo você poderá identificar uma dessas armadilhas, fazer uma avaliação da sua vida e aprender princípios que protegem a sua família.

Gostaríamos de lembrar que o leitor talvez discorde de ferramentas ou técnicas que usamos aqui, ou mesmo dos exemplos mencionados; no entanto, este material faz parte da nossa experiência com milhares de casais no nosso ministério e tem o intuito de representar genericamente a maioria, mas sabemos que pode haver exceções. Pedimos ao leitor, no entanto, que não descuide dos princípios, que sempre são mencionados no final de cada capítulo, pois têm base bíblica e, portanto, são eternos, cabendo, assim, para qualquer família. Foque neles, pois poderão mudar a sua descendência.

Recomendamos que você leia como se nós estivéssemos do seu lado e conversássemos com você. Sublinhe o que você considerar mais pessoal e peça a Deus que o oriente a mudar para melhor. Não passe para o próximo capítulo sem ter refletido sobre o que aquela armadilha pode representar na sua família; dessa forma, você criará o seu próprio plano de ação para uma nova fase.

Graças a tudo que vivemos como família, temos mais esperança do que qualquer outro casal que conheço em relação à restauração de famílias. Se você não cresceu em uma família disfuncional nem passou por grandes crises de falência na sua casa, talvez não aprecie tanto as diferenças que as ferramentas certas podem fazer para salvar uma família. Mas como Márcia e eu precisamos utilizar muitas das ferramentas descritas neste livro para salvar a nossa família, sabemos quanto esses recursos podem ser importantes para o dia a dia das famílias brasileiras.

Agora conhecemos os perigos, tememos a Deus e O temos como prioridade na nossa casa, sem deixar de usar os recursos que Ele nos disponibiliza para poder viver melhor. Hoje podemos dizer que a nossa casa é um lugar de conexão, amor e respeito.

Seja muito bem-vindo a este mapa que pode ser um guia para a sua vida e para a sua casa.

Que vocês sejam felizes para sempre!

DARRELL & MÁRCIA MARINHO
@marciaedarrell

ARMADILHA 1

Perda de referências

De fato, vocês se tornaram nossos imitadores e do Senhor, pois, apesar de muito sofrimento, receberam a palavra com alegria que vem do Espírito Santo.

1 TESSALONICENSES 1.6

"Para estar na lembrança dos seus filhos amanhã, você tem que estar na vida deles hoje."

AUTOR DESCONHECIDO

Há alguma coisa de Deus nos exemplos que os pais dão para os filhos. Talvez você já tenha ouvido a frase "A palavra convence, mas o exemplo arrasta". A autoria da frase é difícil de precisar, mas sua verdade é inquestionável. O exemplo grita mais alto que qualquer orientação ou meras palavras. Queremos começar este capítulo com uma história da qual gostamos muito e que nos mostra de forma bem clara o poder do testemunho de um pai na vida do filho.

Contam que um ateu ouviu um homem testemunhar que sua vida havia mudado depois de ter um encontro com Jesus e que ele fora liberto do vício em bebidas alcoólicas. O descrente, depois de ouvir o testemunho, começou a comentar de forma escarnecedora:

— Isso é uma grande besteira. Você está iludido com tolices. O que você chama de fé é pura imaginação da mente. O que está acontecendo com você nada mais é do que uma fuga da realidade. Você está sonhando!

Enquanto falava, o zombador sentiu um puxão em sua camisa e viu uma criança pequena olhando firme para ele, com os olhos bem determinados.

— Por favor, senhor. — disse a criança, com firmeza. — Se o meu pai estiver sonhando, não o acorde. Ele tem sido um pai maravilhoso desde que teve um encontro com Jesus e deixou de beber. Agora ele é o pai que eu sempre quis.

O ateu ficou tão embaraçado que se afastou sem falar mais nada.

Não existe nada mais poderoso do que o testemunho de uma vida transformada. E nada é mais poderoso para uma criança do que o testemunho de vida de seus pais.

No entanto, vivemos em uma geração na qual os pais têm deixado seus filhos crescerem sem referencial, sem limites, sem freios, ou correções; esse não é o propósito de Deus nos ter dado os filhos como herança.[1]

Pais que deixam de ser referência para os filhos estão sendo omissos e negligentes. Não é difícil que, por deixá-los sem rédeas, os filhos se percam. Somos os pais que criamos a visão de mundo que os filhos terão. Essa visão pode ser positiva ou negativa para a vida toda. Ela pode ajudar os filhos a terem uma vida muito boa ou marcá-los para sempre em uma vida medíocre.

Por esse motivo, as referências são muito importantes e a falta delas pode ser uma grande armadilha no dia a dia da criação dos nossos filhos, marcando sua vida para sempre.

Nessa vertente, uma das coisas que mais marcam as crianças é o exemplo. O filho não se preocupa tanto com o que os pais dizem ou com a multidão de broncas e conselhos recebidos. O que marca a alma dele é o que os pais fazem dia a dia.

[1]Salmo 127.3.

PERDA DE REFERÊNCIAS

As últimas décadas trouxeram grandes avanços, grandes mudanças e enormes desafios para a vida em família. Vivemos hoje uma época na qual a todo momento nos deparamos com novas configurações familiares; o modelo familiar mais conhecido e vivido até então convive hoje com muitos outros modelos desafiadores.

Em meio a todas essas mudanças, homens e mulheres conquistaram mais liberdade, desenvolveram novos papéis dentro da família e vivem hoje um mundo de muitos direitos. Infelizmente também é verdade que muitos homens e mulheres se esqueceram de uma parte muito importante e extremamente frágil das famílias: os filhos. Enquanto os adultos desfrutam das novas configurações familiares, muitas crianças se encontram um pouco perdidas sem ter quem as oriente, eduque e dirija.

Estando envolvidos em atividades diárias e tendo pouco tempo livre, muitas vezes os pais se esquecem de que o melhor para os filhos seria que estivessem mais presentes em sua educação.

Hoje é muito comum ver crianças sendo criadas apenas por um dos pais, o que ocasiona certo abandono, não apenas física, mas também emocionalmente; existem também muitas famílias cujas crianças são criadas por avós, por tios ou por irmãos mais velhos.

Infelizmente, também são cada vez mais comuns os casos em que as crianças pertencem a uma família completa em casa, pai e mãe, mas são criadas pela babá ou pela equipe da creche "de tempo integral" mais próxima de casa. Trata-se de crianças que têm todo o suporte financeiro possível, mas vivem sem afeto e atenção dos pais. Essa terceirização da responsabilidade parental é uma constante no chamado "tempo moderno".

Com tudo isso, cada vez mais nos afastamos do cerne de uma família: pessoas que se preocupam umas com as outras e se responsabilizam pela formação dos filhos como pessoas, como cidadãos e como cristãos.

A Bíblia menciona vários modelos de famílias, algumas funcionais e harmônicas; outras que foram verdadeiros desastres ou exemplos de como não deveria ser uma família. A nossa cultura é muito influenciada pelo modelo bíblico de família, no qual havia o patriarca e a matriarca, e ambos dividiam as responsabilidades pela criação da família.

Lembro-me muito do valor que dávamos à sabedoria dos mais velhos, bem como do respeito e da atenção que tínhamos por eles. Nós os víamos como referenciais para a vida.

Essas referências pesavam muito. E é triste que esse respeito tenha se perdido e que a sabedoria conquistada por décadas e décadas de vida seja preterida por qualquer novidade. Muitas famílias, ao desprezar a sabedoria dos mais antigos, têm caído no abismo da falta de liderança e de referência a seguir.

O exemplo de José[2] é uma prova de conquistas e capacidade de superação e realização. Sem dúvida, é uma das grandes personagens da história bíblica. No entanto, sempre que falamos dele nos esquecemos de ressaltar uma das partes mais importantes na vida de José, que é o fato de ele ser filho de Jacó.

Esse fato é uma advertência e uma bênção para os homens e pais. Vocês podem estar presentes e influenciar positivamente a vida dos seus filhos. Vocês, homens, podem e devem gastar a vida exercendo uma paternidade sadia e influente para formar homens conforme a vontade de Deus.

Em praticamente toda a vida de José, em tudo que enfrentou, suas ações refletiam a referência que ele teve de seu pai, Jacó. Por mais que Jacó não tivesse se expressado verbalmente, seus exemplos falavam por si e José estava vendo, "ouvindo" e aprendendo.

Antes de a narrativa bíblica mencionar a história de José, no livro de Gênesis, lemos sobre Jacó indo ao encontro de seu irmão, Esaú, para se reconciliar com ele. Jacó leva presentes, ajoelha-se, pede perdão e, diante de seus filhos, provavelmente com a presença de José, Jacó demonstra com seu exemplo quanto o rancor e a mágoa são desfavoráveis à união familiar e quanto é importante manter a paz com os irmãos.

[2]Gênesis 37—40.

José estava aprendendo. Anos depois, quando recebeu seus irmãos no Egito[3], mesmo depois de ser traído, José repetiu o que aprendeu com o pai. A referência do exemplo é tão forte que pouco importa o que falamos, o que fica gravado no coração dos filhos é o que eles nos veem fazendo.

Há evidências na vida de José que nos levam a crer que ele repetiu o padrão aprendido com a história do pai. Jacó, por exemplo, foi o homem que lutou com um anjo e venceu, foi o homem que trabalhou durante 14 anos por amor para ter direito a se casar com Raquel, mãe de José. Esse era o modelo que José seguia. Então, seria normal ele não querer cair na tentação do adultério com a mulher de Potifar[4].

Com o pai, ele aprendeu a ter determinação. Jacó trabalhou na casa de Labão e os negócios de Labão foram abençoados.[5] Ele era trabalhador e empreendedor. Seria natural que José também o fosse quando teve a oportunidade de servir na casa de Potifar, chegando a ponto de ser o administrador da casa.

Enquanto Jacó agia, José estava aprendendo. Quando chegou a vez dele, o mesmo padrão se repetiu. Hoje, da mesma forma, o seu filho está vendo como você lida com a sua família, com a igreja ou com as pessoas ao seu redor. O pai, ou a pessoa que ocupa o papel de influência masculina na vida de uma criança, deve saber que o filho está aprendendo e provavelmente tratará as mulheres da mesma forma que vê seu referencial fazendo. O mesmo alerta vale para as mulheres quando se tornam mães; elas influenciarão o modelo de mulher que as filhas seguirão.

EU PRECISO DE GPS

Se atualmente, em um mundo conturbado de valores como vivemos, nós adultos temos dificuldades de encontramos boas referencias, imagine nossos filhos.

[3]Gênesis 45.1-8.
[4]Gênesis 39.12.
[5]Gênesis 30.27.

O filósofo romano Sêneca disse: "Qualquer vento é favorável quando se navega sem destino". A falta de objetivo e de referência pode nos deixar completamente perdidos. Se você chegar a uma cidade onde não conhece nada nem ninguém e não tiver um mapa, estará perdido.

Sei que os mapas de papel foram substituídos pelos GPS, mas, por melhor que seja o seu celular, se ele não tiver um aplicativo de qualidade que tenha as coordenadas atualizadas, você poderá muito bem se perder. Para que ele dê o melhor caminho, sabe o que é preciso? São necessárias as coordenadas, os pontos de localização, ou seja, as referências.

Os aplicativos de localização, como o Waze*, só conseguem mostrar o melhor caminho com base nas referências que eles pesquisam. Se não houver referências anteriores, os aplicativos desse tipo não poderão apontar um caminho melhor para você chegar mais rápido ao seu destino.

DESCOMPLICANDO

App Waze*

Waze é um dos maiores aplicativos de trânsito e navegação do mundo, baseado em uma comunidade. Os motoristas se unem e compartilham informações de trânsito das vias em tempo real, fazendo todos economizarem tempo e combustível em seus deslocamentos diários. O *app* usa a referência de quem já transitou por determinados caminhos para mostrar a outros usuários o melhor caminho a seguir.

Assim é a vida dos nossos filhos. Se eles não têm sólidas referências positivas, sofrerão muito mais até encontrar o melhor caminho e sofrerão com decisões erradas, tentando caminhar por estradas árduas, cheias de curvas perigosas, com muitos buracos

PERDA DE REFERÊNCIAS

e incontáveis acidentes. Se, nesse trajeto, as referências que tiverem forem equivocadas, trilharão caminhos que podem ser muito dolorosos e com grandes prejuízos.[6]

O processo de comando do Waze é muito interessante e bastante atual. Ele se baseia em quem já está na frente, em quem já fez um determinado caminho e, a partir da experiência de outra pessoa, podemos avaliar se devemos ou não seguir naquele percurso.

Da mesma maneira, o que tem faltado a esta geração é ter as referências certas, ou seja, pessoas que já passaram por um determinado caminho e que os nossos filhos respeitem e sigam.

A nossa missão como pais é proteger os filhos, envolvendo-os com as melhores referências e influências para que, na estrada da vida, não peguem atalhos que possam levá-los a caminhos sem volta.

■ *Toque da Márcia*

As cinco pessoas mais importantes do mundo

Nós somos frutos das pessoas com as quais convivemos, das situações vividas e também dos livros que lemos. Os nossos filhos também são frutos dessa influência. Você já deve ter ouvido dizer que somos a média das cinco pessoas com quem mais convivemos. Essa máxima atribuída ao escritor Jim Rohn mostra quanto somos influenciáveis. Se você parar e observar com quem mais gasta tempo verá claramente que essas pessoas influenciam e são influenciadas pela sua vida.

É aquele tão falado "Diga-me com quem tu andas e te direi quem és", que a Bíblia traz como instrução no livro de Provérbios: *Quem anda com os sábios será sábio, mas o companheiro dos tolos sofrerá aflição* (Pv 13.20, A21). Se você se associa com

---

[6]HOLMEN, Mark. *A fé começa em casa*. Editora UDF: São Paulo, 2010. p. 35.

pessoas otimistas, bem-sucedidas e que buscam sempre o melhor para a vida delas, será natural que também comece a viver algo extraordinário.

Todavia, se você convive com pessoas que têm pensamentos de pobreza, ou vivem reclamando da vida, ou acreditam que tudo é culpa do governo e só têm tempo para reclamar, mas nunca acham tempo para nada produtivo, então acabará adquirindo esse comportamento. ■

Os seus filhos vão agir da mesma forma. Se eles andarem com crianças mal-educadas, que não têm valores cristãos, que não respeitam os pais, que falam palavrões o tempo todo, alguns desses hábitos começarão a fazer parte do dia a dia deles.

Há um provérbio chinês que diz: "As más companhias são como um mercado de peixe: acabamos por nos acostumar ao mau cheiro". Já a Bíblia nos adverte: *Não se deixem enganar: As más companhias corrompem os bons costumes* (1Co 15.33).

Com quem os seus filhos mais passam tempo? Quem são as pessoas com quem eles mais têm convivido? Você já parou para perceber se são pessoas que aproximam seus filhos do que você quer para eles no futuro ou essas mesmas pessoas o estão afastando do propósito de vida que você deseja para a sua família?

Certa vez, nós recebemos em casa um amigo do Dyllan, o nosso filho mais novo. Na época, ele e o amiguinho tinham 6 anos. Assim que a criança entrou no carro, o menino falou: "Vamos beber cerveja". É claro que eles não iriam beber e entendo que era uma brincadeira de criança, mas aquilo me mostrou quanto o amiguinho do meu filho estava sendo influenciado por uma geração que bebia e quanto aquilo no futuro poderia prejudicá-lo.

Sobre qual assunto os amigos das suas crianças estão conversando?

A MAIOR BLINDAGEM DO MUNDO

Todos os pais e mães cristãos sonham com filhos crescendo e amando a Deus, que sirvam com amor a Cristo e vivam uma vida de santidade. Faz sentido? Mas como eu posso querer que os meus filhos desejem isso na vida deles se eles não veem os pais vivendo intensamente isso? Como querer que o meu filho seja um homem de oração se eu não sou?

Muitos pais desejariam que os filhos meditassem e dedicassem tempo lendo a Bíblia, mas os filhos não veem os pais fazendo o mesmo. A Bíblia nos alerta de que devemos ensinar aos filhos de dia e de noite, que devemos ter persistência na educação deles, além de conversar com os filhos sobre os ensinos de Deus até quando estivermos andando. O que isso quer dizer, se não reforçar a importância de darmos exemplo?

Lembro-me da história de uma mãe que sempre que saía da igreja, no caminho para casa, voltava reclamando dos irmãos. Ela dizia: "Meu Deus, como a irmã Maria é falsa", "E o povo daquele ministério só quer me sugar, quer que eu faça tudo por eles, mas eles mesmo não fazem nada". O comportamento dela era sempre reclamar de alguém ou de algo da igreja. A filha cresceu ouvindo as histórias intermináveis da mãe, sempre vítima de uma "perseguição" por pessoas "más".

O que aconteceu com essa criança? Na adolescência, ela não queria mais ir para a igreja. A mãe certo dia resolveu perguntar: "Filha, por que a mãe chama tanto e você nunca quer ir para a igreja?". A filha respondeu sem titubear: "Não aguento, mãe. É como a senhora sempre fala, só tem gente falsa lá". E a filha repetiu as mesmas atitudes que viu a mãe ter toda a vida. A mãe talvez não tivesse se dado conta, mas a filha apenas estava repetindo o padrão aprendido em casa. Os filhos são *experts* em imitar os pais e cedo ou tarde farão exatamente o que os pais fazem.

Como você quer que os seus filhos tenham uma vida espiritual se você não tem? Algumas mães até dizem para os de fora que os filhos são uma herança do Senhor, mas em casa, diante da desobediência de um filho mais elétrico, amaldiçoam: "Que menino danado, esse não tem jeito". *Danado* significa quem sofreu danação, que está destinado ao inferno. Que referência você está criando na cabeça dos seus filhos?

Outras mulheres vivem dizendo que família é o projeto de Deus, mas não param de falar mal do marido para as amigas, no trabalho, na casa da própria mãe e, muitas vezes, na frente dos filhos. Que referência você está construindo sobre a importância de uma família e de um casamento? O seu casamento inspira os seus filhos a desejarem ter um relacionamento como o seu, ou o seu comportamento leva-os a querer não se casar jamais?

O renomado pesquisador George Barna, em uma pesquisa publicada no livro *A fé começa em casa*, de Mark Holmen, mostra que pai e mãe ocupam as primeiras posições de uma lista de 28 influências espirituais. O autor cita que, no passado, a fé era transmitida de uma a outra geração e esse era o foco principal das famílias. Hoje em dia, a família não passa de um compromisso apenas nas manhãs de domingo.

Você precisa se revestir do Espírito Santo, viver uma vida plena na presença de Deus, ser uma pessoa melhor para então poder influenciar seus filhos a viverem para Deus. Não há blindagem maior do que a espiritual e, se os seus filhos não têm uma referência espiritual forte em casa, será muito mais difícil que eles queiram viver isso no ambiente fora de casa.

A GRANDE FAMÍLIA

Chega um momento em que você precisa decidir quem é o pai e a mãe dos seus filhos. Em muitos lares, quem está direcionando o que os filhos devem ou não devem fazer são terceiros, e os pais não estão nem entre os primeiros influenciadores.

Se você não entender que a primeira referência do lar deve ser a dos pais, deixará que as armadilhas do mundo levem a sua família para o abismo e, em vez de criar filhos para fazer diferença no mundo como flechas, criará filhos que serão tragados por este mesmo mundo.

Martin Luther King Jr., marco inquestionável na humanidade, disse certa vez sobre seu pai: "Eu creio que a influência do meu pai teve grande papel no meu caminho para o ministério. Isso não quer dizer que ele tenha falado comigo para ser um ministro, mas a minha admiração por ele foi um grande fator de motivação; ele foi um exemplo tão nobre a seguir que eu nem sequer cogitei em não o seguir".

É exatamente na educação dos filhos que demonstraremos as virtudes dos pais. Se você se dedicar hoje em ser uma referência na vida DELES, seguramente isso fará diferença lá na frente.

QUEM É O SUPER-HERÓI DO SEU FILHO?

Certa vez, eu, Darrell, fui convidado a participar de um retiro de homens. Lá, recebi uma carta dos meus filhos mais novos. Na época, Dado tinha 6 anos e Dyllan 3 anos. Na carta, além de uma foto minha com eles ao lado do Incrível Hulk, eles escreveram algo que, para mim, foi muito marcante. Falavam da nossa história e diziam ao final que eu era o super-herói da vida deles.

Até hoje essa história me marca muito, pois a minha vida estava mudando naquela época e eu começava a me entregar verdadeiramente ao chamado de Deus para cuidar das famílias e principalmente da minha própria família.

Hoje vejo quanto essa atitude refletiu uma decisão que eu havia tomado de ser a referência na vida deles e quanto é perigoso quando os pais não se posicionam dessa forma fazendo que seus filhos encontrem novos heróis ou ídolos a seguir que ensinam coisas fora dos propósitos de Deus.

Os filmes que mais ganham dinheiro no cinema falam de vampiros como heróis ou algum tipo de magia. Veja a saga de Harry Potter, que é o herói dessa nova geração e já vendeu mais de

450 milhões de livros. Quantas adolescentes têm caído no engano dos *Cinquenta tons de cinza*, achando que, para ser feliz no amor é preciso que haja perversão e erotismo, escravidão e dor. São mais de 150 milhões de livros vendidos, que ensinam que a mulher precisa se machucar e ceder a um sem-número de coisas tristes para ser feliz, quando o projeto de Deus é muito mais belo para a mulher.

Isso sem falar na geração do YouTube. Na nossa época os pais nos proibiam de assistir TV à noite porque a programação era imprópria. Hoje em dia, a um clique do celular, os filhos estão à mercê de qualquer tipo de influenciador digital.

A nova geração tem como seus ídolos figuras como Whindersson Nunes* e Felipe Neto, ou grandes jogadores de videogame.

DESCOMPLICANDO
Ele influencia mais do que alguns atores*

Pesquisa promovida pelo Google mostrou que o *youtuber* piauiense Whindersson Nunes ocupa a primeira posição no ranking de influenciadores digitais no Brasil, seguido de atores e apresentadores da TV.

No YouTube, sem filtro de idade, a um clique apenas, as crianças estão sujeitas a ter qualquer tipo de referência. Se não cuidarmos do que as crianças veem, esses influenciadores poderão afastar os nossos filhos do caminho que queremos que eles sigam.

Na sua infância, talvez fosse fácil para os pais saberem a que você estava assistindo na TV. Afinal eram apenas três ou quatro canais e, em determinado horário, a programação era restrita, mas hoje eles têm acesso a *tablets* e *smartphones*.

Que influência tem este novo mundo nos nossos filhos? Para onde estão sendo levados? Admita que se trata de uma guerra, prepare-se para ela e fique sempre alerta, de modo que você não sofra baixas na sua própria casa.

Toque da Márcia

Paternidade saudável

Quando temos uma referência positiva dos pais, é natural que vivamos as fases da vida de forma equilibrada. Caso contrário, quando nos falta essa referência na infância, poderemos ter problemas na vida adulta. Pais biológicos, adotivos ou aqueles que assumem a função paterna, como avôs, tios ou outros, precisam assumir realmente o papel de pais, pois essa referência é fundamental na vida de uma criança.

Um alerta para os homens: não importa se a sua relação com a mãe não deu certo, se você se separou ou mesmo se construiu outra família; seja qual for a sua situação, não abandone os seus filhos; não deixe as suas crianças crescerem sem o referencial de homem e pai. O pai é aquele que representa as tradições, segurança, limites, confiança e é o esteio para a criança. Carinho, proteção, companhia, cuidados e limites são coisas que vivenciamos e aprendemos por meio de referências. Se não temos uma referência paterna, esses pilares estarão comprometidos.

A falta de referência paterna ocorre quando o pai já não convive no lar ou, em caso afirmativo, embora esteja lá não exerce seu papel. O homem que pouco ou nada contribui para a formação e educação dos filhos é tão prejudicial quanto os que abandonaram o lar. A figura paterna é tão importante para uma criança que, quando ela se sente relegada a segundo plano, pode chegar a ter problemas de saúde. Os cientistas acreditam, inclusive, que um pai ausente causa impacto em um importante componente do DNA ligado à longevidade do filho. ■

A questão levantada pela Márcia é tão verdadeira que, segundo estudo do doutor Daniel Notterman,[7] cientista sênior

---

[7]Disponível em: <https://www.deseretnews.com/article/865685004/What-the-loss-of-a-father-in-the-home-does-to-a-childs-health.html>. Acesso: 12 dez. 2018.

do departamento de biologia molecular da Universidade de Princeton, as crianças que crescem sem um pai em casa têm telômeros* (as extremidades dos cromossomos) mais curtos, e são eles que impedem seu desgaste e afetam a saúde e a longevidade.

A pesquisa ressalta o papel importante dos pais no cuidado e desenvolvimento das crianças. Segundo esse estudo, uma criança de 9 anos cujos pais estão ausentes têm telômeros 14% menores comparadas a crianças cujos pais moram com elas.

O doutor Notterman diz: "As crianças precisam de pais; eles são muito importantes. Eles desempenham um papel econômico, mas também fornecem amor e atenção, estabilidade e coesão, além de ser modelos". Como o pai é normalmente a figura que impõe limites, até a obesidade infantil e transtornos alimentares podem ser causados por essa ausência.

······················ DESCOMPLICANDO ·······················

Por que os telômeros* importam

Os telômeros estão na vanguarda da pesquisa sobre saúde e envelhecimento, porque seu comprimento ajuda a determinar quando as células no corpo morrem. Eles diminuem com a idade e acredita-se que se degradem por estresse extremo.

Tal ausência de paternidade também tem a ver com o aumento do número de mães solteiras no nosso país. Nos últimos dez anos, segundo o IBGE,[8] o Brasil ganhou 1,1 milhão de famílias lideradas por mães solteiras.

---

[8]Disponível em: <https://g1.globo.com/economia/noticia/em-10-anos-brasil-ganha-mais-de-1-milhao-de-familias-formadas-por-maes-solteiras.ghtml>. Acesso: 26 fev. 2018.

PERDA DE REFERÊNCIAS

Outro desafio é a delinquência juvenil. Um levantamento feito pelo Ministério Público de São Paulo[9] informa que dois em cada três jovens infratores vêm de famílias cujo pai não mora em casa. Quando a criança perde os vínculos positivos e a referência dentro de casa, naturalmente se abre uma porta para a influência da rua.

A referência é algo tão importante para mudar o destino de uma criança, que, nos EUA, há um programa de reabilitação para jovens infratores. Ao sair da detenção, esses jovens recebem uma espécie de padrinho, que os acompanhará em seu dia a dia, estabelecendo um novo vínculo, levando-o para casa, ajudando-lhe a conseguir uma atividade ou emprego, e acompanhando esse jovem até a escola. O padrinho passa a ser a nova referência na vida do jovem.

O levantamento do Ministério Público de São Paulo também mostrou que o desequilíbrio familiar é um dos principais fatores que levam os adolescentes ao mundo do crime. A falta de paternidade é tão alarmante que outra pesquisa nos Estados Unidos revelou que a grande maioria dos problemas sociais da América estavam relacionados à ausência da figura paterna na vida de pessoas com problemas com a lei.

Segundo dados da UNICEF em pesquisa do *National Fatherhood Initiative*,[10] uma em cada três crianças não vive com os pais biológicos. Segundo o estudo, as crianças que vivem com pais ausentes são, em média, pelo menos duas a três vezes mais propensas a ser pobres, a usar drogas, a ter problemas na escola, problemas emocionais, comportamentais e de saúde, a ser vítimas de abuso infantil e a desenvolver um comportamento criminoso do que aquelas que vivem com os pais.

---

[9]Disponível em: <http://www1.folha.uol.com.br/cotidiano/2016/06/1786011 -2-em-3-menores-infratores-nao-tem-pai-dentro-de-casa.shtml> Acesso: 26 fev. 2018.
[10]Disponível em: <https://www.unicef.org/brazil/smi/cap2.htm> Acesso: 26 fev. 2018.

QUADRO: A CRISE DA AUSÊNCIA DE PATERNIDADE

Número referente à população americana, segundo pesquisa do Fatherhood Initiative.[11]

Se eu sou uma criança cujo pai é ausente...	
DROGAS	279% mais propensão a transportar armas de fogo e a usar drogas.
ESCOLA	Aumenta em duas vezes a propensão a repetir de ano.
REPETIÇÃO DE PADRÃO	92% dos parentes na prisão de um preso, são seus pais.
GRAVIDEZ PRECOCE	Aumentam em sete vezes as chances de engravidar na adolescência.
POBREZA	Aumenta em quatro vezes a propensão à pobreza.
PROBLEMAS EMOCIONAIS	Níveis elevados de agressividade e falta de respeito às autoridades.
CRIME	A falta de uma figura paterna é uma influência maior do que a social para que um adolescente chegue ao crime.
MAUS-TRATOS	Aumenta em oito vezes a probabilidade de maus-tratos.
ABUSO	Aumenta em dez vezes a chance de abuso.

É claro que crescer sem o pai ou sem a mãe não quer dizer que uma criança desenvolverá obrigatoriamente algum problema emocional ou psicológico quando crescer. Mas, sem dúvida, influenciará a vida dela.

Crescer com pai ou mãe ausente pode gerar os seguintes sintomas em uma criança:

[11]Disponível em: <https://www.fatherhood.org/fatherhood-data-statistics> Acesso: 26 fev. 2018.

- Insegurança.
- Falta de habilidade na convivência em sociedade.
- Incapacidade de seguir leis ou respeitar autoridade.
- Fragilidade no amor.
- Complexo de inferioridade.
- Hostilidade e agressividade.
- Ansiedade.

PRINCÍPIOS QUE PROTEGEM FAMÍLIAS

Os princípios são as normas ou os padrões de conduta que regem uma pessoa ou um grupo de pessoas. Dizem respeito à essência de algo e para mim, em especial, norteia a própria vida. A minha vida se baseia totalmente em princípios, e sempre digo aos meus filhos que podemos fazer qualquer coisa na vida, menos ir contra os nossos princípios. Deus é um Deus de princípios; a Bíblia está repleta de princípios e é dela que extraímos o guia para proteger a nossa família. Veja abaixo alguns princípios que podem ser fundamentais para ajudar você a elencar as prioridades certas para a sua família.

Princípio 1: Viver para Cristo

A maior referência na vida de um cristão é Jesus. Se consigo matar a minha antiga natureza e começo uma jornada em busca de me aproximar de Cristo, a minha vida com certeza será consideravelmente melhor.

Essa tem que ser a busca de todos nós; quanto mais estivermos nesse caminho, mais protegida estará a nossa família.

Em Colossenses 3.23 lemos: *Tudo o que fizerem, façam de todo o coração, como para o Senhor, e não para os homens*. Precisamos entender que até mesmo cuidar da família é um propósito de Deus para a vida; não se trata de uma tarefa pessoal apenas, mas, sim, de um mandamento divino.

Quando decidimos viver para Cristo, damos um passo decisivo para proteger a nossa vida: escolhemos morrer para o pecado, afastando-nos de tudo que nos impede de caminhar com o Senhor, porque nascemos de novo.

É nesse momento que o Espírito Santo passa a habitar em nós, e com isso Ele nos conecta com o Pai, permitindo que tenhamos um novo padrão para tomar atitudes. Se as nossas atitudes nos fazem ser mais parecidos com Cristo, seremos melhores referências para os do nosso lar.

Muitos dizem: "Façam o que mando, mas não façam o que faço", como o velho refrão. Em outras palavras, não agem como pregam, diferentemente do que almejava o apóstolo Paulo.[12] Veja o que Paulo diz: ele subjugava o próprio corpo. O que é subjugar? É submeter à força, obrigar, forçar. Paulo estava querendo dizer o seguinte: O meu corpo quer que eu faça algo contrário ao que devo, mas eu não o farei; prefiro matar e esmurrar a minha carne.

Princípio 2: Ser exemplo

Ninguém o despreze pelo fato de você ser jovem, mas seja um exemplo para os fiéis na palavra, no procedimento, no amor, na fé e na pureza (1Tm 4.12).

Imagine uma linha de produção de automóveis. O primeiro carro, chamado de protótipo, é um modelo para todos os demais que serão produzidos na fábrica. Quando Paulo diz a Timóteo que seja um exemplo, ele deseja que através das atitudes de seu filho na fé, este fosse um modelo a ser seguido.

Assim também é na nossa vida em referência aos filhos. Precisamos ter atitudes e palavras que nos façam exemplos e um modelo a ser seguido por eles.

---

[12]1Coríntios 9.27.

Os filhos podem até não fazer o que você diz, mas farão sempre o que você faz. Portanto, observe os seus exemplos, pois eles falarão muito alto.

A mensagem de Paulo voltava-se unicamente para aperfeiçoar o caráter de Timóteo, fazendo-o mais parecido com Cristo, que é o plano eterno de Deus para cada um de nós.[13]

Ele nos ensina que precisamos ser exemplos em seis áreas:

1. Na palavra

Precisamos ser exemplo não só no que dizemos, mas também na forma de usar as palavras. Rejeitar conversas fúteis e as que não agregam nada ou denigrem outras pessoas fazem parte desta lista.

2. No procedimento

Trato ou procedimento é a atitude que tenho com os outros. Caso eu trate mal as pessoas de rua ou alguém de um padrão social diferente do meu, as crianças replicarão esse comportamento. O meu estilo de vida no que se refere a relacionamentos deve indicar que as pessoas querem viver em comunhão comigo.

3. No amor

O amor é forma de demonstrarmos o amor de Deus ao próximo. Precisamos amar a todos indistintamente. O amor pode ser um estilo de vida a ser seguido pelos de casa.

4. No Espírito

Preciso buscar o Espírito Santo de Deus e ser exemplo nessa busca, aumentando a minha comunhão com Deus, e sendo um exemplo de oração para todos os que me cercam.

---

[13]Romanos 8.28,29.

5. Na fé

Trata-se de quando você tem total confiança em Deus e as pessoas ao redor sentem isso.

6. Na pureza

As ações, as palavras e os pensamentos podem aproximar você de Cristo ou afastá-lo completamente. Portanto, cuide da pureza, rejeite a imoralidade e viva uma vida santa que inspire os seus companheiros de caminhada.

Como servos de Cristo, precisamos nos dedicar a fim de mostrar esse novo "padrão de vida" para a sociedade e principalmente para a nossa família. É natural que o rebanho siga o pastor; se este errar, os outros também o farão. Mas, se ele segue no caminho certo, as ovelhas também seguirão.

Princípio 3: Evitar as más influências

> *Não se deixem enganar: As más companhias corrompem os bons costumes* (1Co 15.33).

Querendo ou não, somos influenciados para melhor ou para pior dependendo das pessoas com as quais convivemos. Igualmente acontece com os nossos filhos. Portanto, a nossa missão é protegê-los das más influências, sejam as de amizades que não ajudam em nada, sejam as influências de filmes, músicas ou mesmo dos influenciadores digitais que estão a um clique de criar novas referências na vida das nossas crianças.

Salomão, que foi o homem mais sábio de todos os tempos, nos deu um conselho simples e bastante óbvio, do qual infelizmente nos esquecemos com frequência. Em Provérbios 13.20, ele diz: *Aquele que anda com os sábios será cada vez mais sábio, mas o companheiro dos tolos acabará mal.*

As nossas avós, por sua vez, costumavam dizer: "Diga-me com quem andas e te direi quem és!", na tentativa de nos afastar das más influências e companhias indevidas.

A questão é que hoje as más influências não se restringem aos amigos que brincam com o seu filho ou na telenovela das oito, mas em qualquer oportunidade de conexão virtual de um mundo altamente tecnológico.

Proteger os filhos das más influências passa a ser a missão de cada um de nós, e isso só acontecerá quando conhecermos quais são as tais más influências. Saber o que as crianças veem, com quem conversam pelas redes sociais, ou com quem estão disputando nos jogos on-line é fundamental.

A única vez que a Bíblia alerta que o povo de Deus pode ser derrotado está em Oseias 4.6, que diz: *Meu povo foi destruído, por falta de conhecimento.*

Entenda que a sua família pode ser destruída caso você não obtenha o conhecimento necessário sobre as influências que podem afastar os seus filhos do plano de Deus para o seu lar.

Paulo nos lembra:

> *Portanto, meus amados irmãos, mantenham-se firmes, e que nada os abale. Sejam sempre dedicados à obra do Senhor, pois vocês sabem que, no Senhor, o trabalho de vocês não será inútil* (1Co 15.58).

Isso nos dá a certeza de que precisamos permanecer firmes contra as influências que querem destruir a nossa família, pois o nosso trabalho não será inútil; no final da história veremos um lar saudável e uma família linda que agrada a Deus.

ARMADILHA 2

Amando errado

Amados, amemos uns aos outros, pois o amor procede de
Deus. Aquele que ama é nascido de Deus e conhece a Deus.
Quem não ama não conhece a Deus, porque Deus é amor.

1 João 4.7,8

"O amor é para uma criança como o sol é para as flores.
A alimentação não é suficiente: ela precisa de carinho
para crescer saudável e forte."

Concepción Arenal

Eu cresci em um lar onde o amor não era demonstrado, pelo menos não como acredito que deva ser. Por mais que os meus pais me amassem muito, eles não sabiam a forma certa de demonstrar amor. Hoje eu sei quanto eles se dedicaram e tentaram sempre dar o melhor para mim, quanto eles me amaram, mesmo do jeito deles, embora também seja consciente de quanto aquela forma de amor foi prejudicial para mim por ser um amor que falhava em se expressar.

Sei que o que vivi é muito parecido com o que muitas famílias também vivenciaram. De forma sutil, perdemos a grande oportunidade de blindar os nossos filhos, que é dar amor de uma maneira positiva e merecida.

O meu pai nasceu em uma família grande de oito irmãos. Ele veio de uma família aristocrática com ótima condição social, mas também com cobranças constantes. Aquela família grande tinha muitas vantagens, mas também obstáculos e brigas relacionados a posição e ego.

Por sua vez, os meus avós se separaram por causa de um adultério por parte do meu avô. E essa família aos poucos foi mudando de cenário: de uma família bastante unida, em torno dos pais e dos filhos, para uma família em que os filhos e os netos deixaram de se encontrar, por motivos de brigas e desavenças; e esse passou a ser o cenário mais comum.

Do outro lado, a minha mãe foi criada sem o pai e perdeu a mãe quando tinha por volta dos 4 anos de idade. Por esse motivo, foi criada por sua avó, que terminou tendo que adotar a neta porque já não havia pai nem mãe.

Claro que esse contexto de construção familiar disfuncional fez com que os meus pais levassem para o casamento e à nova família que estavam formando um padrão de amor que estava mais para sacrifício — "Eu faço tudo por você" — do que amor — "Eu te amo. Vem aqui e me abraça".

Durante muitos dias da minha vida, vi os meus pais se esforçando muito para tentar me dar o melhor, eu os vi lutando durante as madrugadas acordando cedo para tentar dar a mim e à minha irmã um futuro melhor. Louvável? Sim. No entanto, essa forma de amor, por mais que seja importante, não é a única e certamente não supre a necessidade principal de afetividade de que os nossos filhos precisam.

Muitos pais se enganam achando que devem dedicar os principais anos de sua vida, os de maior vigor, para construir o futuro dos filhos. Normalmente, nessa fase, eles se esquecem de viver o presente. Um presente que não volta nunca mais.

Em sessões de mentoria, sempre ouço dos pais: "Mas eu estou me matando de trabalhar para dar um futuro melhor para os meus filhos", ao que eu sempre pergunto: "E o presente deles?

Quem está vivendo com eles? Pois o seu filho só tem 5 anos de idade, uma fase que nunca mais voltará".

Em virtude de se envolverem tanto em busca do tão sonhado futuro, os pais se esquecem de coisas aparentemente simples, mas necessárias para o presente. E entre elas se destacam as demonstrações de amor.

Por mais que eu sempre soubesse do amor incondicional dos meus pais por mim, eu só ouvi o tão desejado "Eu te amo" depois dos 35 anos de idade. Até então, fui criança, adolescente e adulto que cresceu sem ter a oportunidade de ouvir sobre o amor e de aprender a dizer às pessoas que as amava. Talvez você se identifique com isso e também nunca tenha ouvido "Eu te amo" dos seus pais.

Quando iniciei o meu processo de conversão, comecei a entender a paternidade de Deus comigo e quanto esse amor precisava ser sentido profundamente na minha família. Tanto no que se refere aos meus filhos, quanto aos meus pais. A partir do momento que eu comecei a dizer a eles "Eu te amo", sabe o que aconteceu? Naturalmente, eles começaram a expressar e a demonstrar de outras formas seu amor por mim.

Hoje entendo que eles nunca falaram porque nunca aprenderam que deveriam falar. Como expressar amor de forma audível não havia feito parte do *script* familiar de nenhum dos dois, então não tinham consciência de como isso era importante para os filhos.

O professor Bob Hoffman,[1] criador do Processo Hoffman de Quadrinidade e referência na relação de amor entre pais e filhos, disse em seu livro *Desvendar do amor*: "Todos são culpados, mas ninguém tem culpa". Os meus pais nunca receberam amor da forma certa, por isso nunca me deram.

A partir do momento que eu descobri isso, tudo mudou na minha vida. Com os meus filhos e com toda a minha descendência.

---

[1]*Desvendar do amor*: Processo Hoffman da Quadrinidade. São Paulo: Cultrix, 2004. p. 125.

Tudo pode e será diferente. Eu decidi contar uma nova história. Uma nova história para demonstrar amor em palavras e ações, e fazer algo completamente novo na minha vida e na vida de outras famílias.

O que tenho visto é que talvez nenhuma das armadilhas apresentadas neste material possa ser tão prejudicial para o futuro de um filho quanto a falta de amor, ou a dificuldade em expressá-lo. Talvez nada possa marcar tanto uma criança, quanto impedi-la de viver todo seu potencial, e isso diz respeito à maneira pela qual os pais demonstram amor por seus filhos.

Mais adiante neste capítulo, falaremos sobre o *amor negativo*, que talvez você nunca tenha ouvido falar, mas é algo que pode ter marcado você, portanto poderá também marcar a vida dos seus filhos, se você não der um basta a essa corrente.

Hoje em dia, dizemos tanto em casa "Eu te amo" que isso já se tornou parte da nossa vida em família, não como algo banal, dito como rotina, mas como uma realidade que precisa ser recordada e cultivada no nosso dia a dia.

É aí que entra a importância da demonstração de afeto, pois o amor é tema de muitas canções, mas infelizmente pouco praticado. É preciso sair somente desse âmbito e passar para o exercício prático e contínuo, em forma de ações que promovam o bem-estar das famílias, principalmente da nossa própria família.

Embora algumas pessoas até digam que amam e que fariam tudo por sua família, no cotidiano a demonstração deixa a desejar, resultando em sentimento de solidão e vazio, quando deveria haver amor.

Desde a concepção do mundo, o ser humano foi criado para amar. A Bíblia diz que aquele que ama nasce de Deus e conhece a Deus.[2] Você muito provavelmente foi gerado em razão do amor de duas pessoas. Pelo menos deveria ter sido assim.

---

[2] 1João 4.7.

Quando nascemos, o primeiro símbolo de amor que temos em geral é o da mãe. Ao olharmos para ela, sorridente, e sermos abraçados, nos sentimos seguros e protegidos. É nesse momento que aprendemos que somos amados e podemos amar.

E essa sensação perdura por toda a vida. Nós temos necessidade de amar e ser amados. Isso se torna o alicerce que vai construir as certezas mais profundas sobre nós mesmos. Os sentimentos de autoconfiança, timidez, egoísmo, arrogância, prepotência, realização, determinação, medo, entre outros, têm origem na nossa relação de amar e ser amado.

TANTA CARÊNCIA E TÃO POUCO AMOR

Por mais que as pessoas queiram carinho, em geral não dão carinho, não demonstram amor e não verbalizam verdadeiramente o que sentem. A maior dificuldade parece estar na grande dificuldade de demonstrar afeto, carinho, amor.

Muitos, inclusive, pensam que o ser amado já sabe que é amado; portanto, não há a necessidade de dizer que se ama constantemente. Paira no ar o sentimento de "Ele(a) já sabe; não preciso repetir".

Em geral mais resistentes, os homens se prendem a uma tradição antiga de achar que não precisam falar "Eu te amo", porque isso é coisa de mulher. E muitas vezes afastam quem eles mais amam.

Conta-se a história de um homem um tanto bruto, que foi para a lua de mel. Chegando lá, um pouco antes da primeira noite, quis deixar algumas coisas claras para a esposa. Ele disse: "Você sabe que sou uma pessoa muito direta e objetiva. Então, vou dizer logo que eu te amo, e não precisa ficar me perguntando mais. Se eu deixar de amar, aviso."

Segundo pesquisa do Ibope,[3] 62% da população considera o afeto algo importante em sua própria vida. No entanto, só 35%

---

[3]Disponível em: <http://www.ibope.com.br/pt-br/noticias/Paginas/62-dos-brasileiros-consideram-o-carinho-importante-em-suas-vidas.aspx>. Acesso: 26 fev. 2018.

das pessoas afirmam que receberam muito carinho. Ao mesmo tempo, 21% dos brasileiros admitem não ter manifestado carinho a ninguém ao longo da vida.

Com uma rotina frenética e o estresse da pós-modernidade, cada vez mais esta geração deixa de lado algo tão importante como a demonstração de amor e carinho. Se pararmos para pensar, os grandes males do mundo são gerados pela falta de amor ou pela falha em ser demonstrado.

- É a falta de amor em casa que leva a mulher pouco amada a se enfurecer e a falar mal de outras mulheres, ou a trair o marido.
- É a falta de amor que leva um marido a abrir brechas a outra mulher, mesmo que seja comprometida, e começar até mesmo uma nova família.
- É a falta de amor que leva uma criança, que cresce com essa carência, a se envolver em gangues ou grupos sociais em busca de aceitação.
- É a falta de amor que gera confusões em ambientes de trabalho, a violência no trânsito e tantos outros problemas que enfrentamos atualmente na sociedade.

Todos temos a necessidade de ser amados e de amar. Deus nos criou com esse propósito. Segundo o Grande Mandamento, Deus nos diz que o amemos a Ele e ao próximo como a nós mesmos.[4] Por mais que dominemos essa verdade, temos amado pouco a Deus, ao próximo e até a nós mesmos.

Temos visto aqui que grande parte dessa dificuldade tem a ver com a forma segundo a qual fomos amados na infância, pois interfere na nossa vida como um todo. A expressão do amor no nosso lar de origem definirá como o expressaremos ao longo da

[4]Mateus 22.37,38.

vida, em meio à construção de uma nova família e às demais pessoas com as quais convivemos.

Mesmo que saibamos que o amor é importante, se não dermos o passo para reconhecer as nossas falhas e amar mais e melhor, no futuro produziremos os mesmos prejuízos na nossa família.

AMOR NEGATIVO

Há uma frase do pesquisador e professor Bob Hoffman que me marcou bastante. Ele diz: "O amor não é apenas possível, ele é natural. Fomos criados para o amor, para amar e sermos amados. Nada é mais bonito que o amor, nada é mais doloroso que a sua ausência".[5] Nisso se resume toda a natureza humana. Deus é um Deus de amor e Ele nos criou para amar e sermos amados. No entanto, mesmo sabendo como é linda a sensação de ser amados, não temos ideia ou não percebemos a dor que sentimos quando sofremos da ausência do amor.

E é exatamente nisso que se baseia um dos estudos do próprio Bob Hoffman, criador do Processo Hoffman, realizado desde 1967. Hoje, essa metodologia já existe em mais de dezesseis países do mundo e visa libertar as pessoas dos traumas que o amor negativo pode ter gerado em suas vidas.

A falta de autoestima, de se sentir indigno de ser amado, a depressão, a ansiedade, os rompantes de ira, a síndrome do pânico, entre outros sintomas que rodam o nosso dia a dia, podem ter tido origem na síndrome do amor negativo, causada pelos nossos pais. Da mesma forma, corremos o risco de produzir os mesmos sintomas na vida dos nossos filhos.

Independentemente de como foi a relação com os nossos pais, carregamos algo deles; e, por mais que digamos que odiávamos

---

[5]Hoffman Institute International, Inc. A síndrome do amor negativo. Disponível em: <http://www.gazetadigital.com.br/conteudo/show/secao/60/materia/180656/t/a-sindrome-do-amor-negativo>. Acesso em: 24 maio 2018.

algo que eles faziam, muitas vezes temos a mesma atitude. As repetições ocorreram de forma inconsciente, compulsiva ou por autodefesa.

Segundo Hoffman, "todos somos culpados por nossos comportamentos negativos e, ainda assim, nenhum de nós tem culpa. Isto é passado de geração em geração".[6]

■ *Toque da Márcia*

Por isso, demonstrar amor da forma certa e amar incondicionalmente é necessário para que essa relação não se construa de uma forma negativa na vida dos filhos.

Por exemplo, se uma criança não vê o pai demonstrar amor e afeto por sua mãe, assim como não vê sua mãe pedindo carinho, o filho aprenderá a não demonstrar seus sentimentos. Mais tarde, na vida adulta, quando se espera que demonstre amor, poderá descobrir que o melhor que consegue fazer é representar falsamente o papel. Muitas pessoas que não conseguem demonstrar amor no âmbito do casamento são frutos de um lar em que os pais não demonstravam amor entre si.

Tente se lembrar agora como era a relação entre o seu pai e a sua mãe quando você era criança. Eles eram amorosos? Faziam carinho um no outro? Falavam "Eu te amo" ou eram ríspidos e secos? O comportamento deles pode explicar alguns dos seus comportamentos hoje.

Em seguida, tente analisar a vida do cônjuge, caso você tenha. Como era a vida na casa dele(a), como os pais se relacionavam, se ele(a) quando criança via afeto, carinho e amor ou se a relação dos pais era de briga, dor e agressão? Nós sofremos e, como consequência, os nossos filhos também sofrem, pois transmitimos esse comportamento para eles.

---

[6]Hoffman Institute International, Inc. A síndrome do amor negativo.

Durante toda a infância, as nossas atitudes, preferências e vontades estão intimamente ligadas ao ambiente familiar, já que vem daí a nossa maior e principal referência – especialmente sobre o que presenciamos das próprias atitudes e do comportamento dos pais. Isso significa que nós passamos a observá-los e a copiá-los em tudo. Os filhos são esponjas e podem até não fazer o que você diz, mas certamente repetirão o que você faz. ■

LARES CHEIOS, CORAÇÕES VAZIOS

Precisamos demonstrar amor pelos nossos filhos e ensiná-los a amar.[7] Se não aprenderem em casa sobre o amor, onde será? As casas estão cheias de filhos mal-amados de mulheres mal-amadas e maridos mal-amados. O que deveria ser o básico de uma relação familiar — a distribuição de afeto, carinho e amor — é deixado em segundo plano por causa da vida corrida que levamos, ou mesmo por uma cultura que não valoriza a demonstração de afeto.

Será comum que com o tempo terminem adoecendo porque foram maltratadas, não correspondidas ou deixadas de lado.

Nunca se viu tantas notícias de suicídio, inclusive dentro do ambiente da igreja. Nunca tivemos tantos casos de depressão, também entre pessoas que estão em nosso meio.

Hoje em dia as séries de filmes são feitas de um modo que estimulam ou esclarecem formas de se praticar o suicídio a nossos jovens. Algo impensado na geração passada é altamente comum de se ver na época dos nossos filhos.

Nas últimas décadas, o suicídio entre 15 anos e 29 anos se tornou a segunda causa de morte, segundo a Organização Mundial da Saúde (OMS).[8] No Brasil, em 30 anos, aumentou 25% entre os

---

[7]Deuteronômio 6.6,7.
[8]Disponível em: <em https://epoca.globo.com/saude/check-up/noticia/2017/07/serie-13-reasons-why-estimulou-ideias-de-suicidio-diz-estudo.html>. Acesso em: 24 maio 2018.

15 e 19 anos; passou de 3,1 suicídios a cada 100 mil habitantes em 1980 para 3,9 em 2012.

O marido que maltrata a esposa com falta de atenção, que a humilha com palavras ou até mesmo espanca está negando a fé. A esposa que negligencia o marido, que o trata como se fosse um hóspede dentro de casa, age pior que um descrente.[9] Os filhos que desonram os pais estão sendo amaldiçoados sem que se deem conta.[10]

Neste mundo novo, não importa se a nossa casa está cheia de pessoas, de eletroeletrônicos de última geração ou de móveis novos. Se nela não houver amor, estaremos fadados ao fracasso. Assim como Jesus nos amou primeiro e demonstrou amor em todos os detalhes, eu e você precisamos amar mais, cuidar mais e proteger mais.

O AMOR FORA DE CASA

A criança que cresceu sem afeto dentro de casa naturalmente irá em busca dele em outros lugares. Pode ser uma busca de reconhecimento acima do normal no local de trabalho ou querer ser o tempo todo aceita em grupos sociais, ou ainda ter grande dificuldade de se relacionar com pessoas, ou nunca conseguir ter relações duradouras. Quando falta o afeto, se instala na cognição da criança a sensação de não ser amado e desejado, podendo levá-la a grandes prejuízos emocionais e interpessoais, que ocorrem quando não são tratados.

Uma criança rejeitada, que não foi amada como deveria, carrega uma série de problemas por toda a vida, desde um desempenho menor em sala de aula, até riscos maiores quando estiver em sociedade, como o envolvimento com drogas, brigas e infrações de leis, já que não teve a referência e o amor de que necessitava.

[9] 1 Timóteo 5.8.
[10] Deuteronômio 27.16.

Um estudo realizado pela Universidade de Connecticut, nos EUA, descobriu que ser amado ou rejeitado pelos pais afeta a personalidade e o desenvolvimento das crianças até a vida adulta. O estudo revela que a sensação de ser rejeitado é a mesma quando sentimos uma dor física, uma vez que as duas situações ativam as mesmas partes do cérebro. A grande diferença é que, ao contrário da dor física, que é passageira, a dor emocional pode ser sentida várias vezes, por anos e anos. Quanto mais frequente e contínua for a dor do desamparo e da falta de amor, essa região do cérebro vai se traumatizando e os impactos aumentam na vida da criança.[11]

Enquanto alguns pais hoje estão preocupados em não bater,[12] acabam errando mais na violência emocional e na falta de sensatez, o que marcará os filhos muito mais do que uma palmada.

Outra revelação nos mostra que o amor de pai contribui tanto ou até mais do que o da mãe, o que muda um pouco o panorama segundo o qual se acreditou por muito tempo que amor de mãe seria mais importante e que ao pai caberia trazer o sustento para casa.

Assim relatam Abdul Khaleque e Ronald P. Rohner, pesquisadores da Universidade de Connecticut:

> Em meio século de pesquisas internacionais, nós não descobrimos nenhuma outra classe de experiências que tenha um efeito tão forte e tão consistente sobre a personalidade e o desenvolvimento da personalidade quanto a experiência da rejeição, sobretudo a rejeição dos pais na infância.[13]

---

[11]Disponível em: <https://www.pastoraldacrianca.org.br/noticias2/4156-ausencia-da-figura-paterna-e-seus-efeitos>. Acesso em: 27 fev. 2018.
[12]Provérbios 11.29.
[13]Disponível em: <https://www.pastoraldacrianca.org.br/noticias2/4156-ausencia-da-figura-paterna-e-seus-efeitos>. Acesso em: 27 fev. 2018.

Por isso, o cuidado deve ser redobrado com a armadilha da falta de amor paternal na vida de um filho. Conforme Ronald P. Rohner,[14] os jovens que se sentem acolhidos em casa costumam ser mais independentes e emocionalmente estáveis, têm maior autoestima e mantêm uma visão positiva do mundo. Já aqueles que foram rejeitados ou não amados na infância apresentam um comportamento completamente oposto, demonstrando hostilidade, instabilidade e uma visão mais negativa de qualquer tipo e situação.

Tal falta de amor dos pais pode gerar dificuldades em relacionamentos ao longo da vida. O adulto de hoje que tem dificuldade em estabelecer relações de confiança e intimidade com outra pessoa pode ser fruto dessa rejeição dos pais. O cérebro dele age como se estivesse, mesmo inconscientemente, se protegendo de uma nova situação de rejeição. Por isso, pense bem em como você demonstra amor hoje dentro de casa para que isso não reflita na forma como o seu filho buscará amor fora.

QUEM AMA RESPEITA

Outra forma de demonstrar amor é respeitando os filhos, pois quem ama respeita, e você já deve saber disso. Mas a pergunta é: você tem demonstrado amor respeitando? As discussões intermináveis entre casais na frente dos filhos também podem marcar a vida de uma criança. A própria percepção de que os nossos filhos terão sobre o matrimônio, sobre a constituição de uma família, sobre o que é companheirismo e a vida a dois pode ser afetada pelas brigas que os pais têm na frente deles.

Muitos dos problemas da fase escolar, como as de relacionamento e as de aprendizado, além do amadurecimento antecipado na adolescência, do uso de drogas e até de uma gravidez precoce, podem ter origem em cenas marcantes presenciadas na infância.

---

[14]Disponível em: <http://www2.uol.com.br/vivermente/noticias/a_figura_paterna_no_desenvolvimento_infantil.html > Acesso em: 27 fev. 2018.

Quando criança, presenciei muitas brigas entre os meus pais. Durante muitas noites, queria apenas sumir e acordar em outra fase da vida para não ter que passar mais por aquilo. Aquelas cenas de terror, para uma criança de 7 ou 8 anos eram devastadoras, e o medo de não saber se no outro dia eu teria um lar ou se os meus pais estariam juntos, criou em mim tanta insegurança que desenvolvi até medo de apresentar trabalhos escolares.

Hoje você pode me encontrar fazendo palestras por todo o Brasil, apresentando a TvA2[15], mas tudo isso tem a ver com a graça de Deus na minha vida, que me guiou para novos desafios. Mas sou capaz de me lembrar das dificuldades que tive na fase escolar e hoje entendo quanto as cenas que presenciei afetaram o meu comportamento e me fizeram mais tímido e recluso.

Muitos dos jovens de hoje que não querem se casar tomam essa decisão inconscientemente como forma de proteção, por exemplo, a moça com medo de passar pelos sofrimentos que a mãe passava na mão de um marido ditador, arrogante e nada carinhoso. Ou o rapaz que evita uma mulher briguenta, que dará "trabalho" e não estará disposta a fazer sexo quando ele quiser, além de fazer inúmeras cobranças a ele, um retrato fiel de sua mãe quando criança. Esses são cenários que afastam da próxima geração o desejo de constituir uma família.

Isso sem mencionar frases do tipo: "Minha filha, nunca dependa de homem", "Homem nenhum presta", "Feliz é aquele homem que não tem uma mulher para não ser controlado", "Para que casar com uma se você pode ter várias".

Mesmo sem perceber, são frases que faltam com respeito ao ser humano e a seu futuro, afetando o destino de muitas famílias.

Quando a minha mãe estava fazendo algo para mim, eu lembro de escutar o meu pai dizer: "Só faz para o filhinho"; e ela

---

[15][NE] Canal dos autores no YouTube.

ainda concordava: "Filho é filho e sempre vai ser, marido é hoje e não é amanhã, tenho que agradar o meu filho."

Claro que esse era um conceito bem errado sobre casamento, mas que os pais sem querer vão incutindo na cabeça das crianças.

Alguns casais chegam a pôr as crianças no meio das brigas ou das chantagens, dizendo: "Você está vendo quem é o seu pai?", "Você nem imagina o que ela faz comigo". Ou ainda chega para o parceiro na frente do filho e fala: "Se você se separar de mim, juro que nunca mais verá o seu filho".

Talvez por isso tenhamos tantos filhos depressivos, hiperativos e agressivos hoje em dia. Qualquer criança é capaz de discernir se vive em um ambiente de paz e harmonia, ou de brigas e confusão. Você não é responsável pelo que aconteceu na sua infância, mas é totalmente responsável pela infância dos seus filhos.

■ *Toque da Márcia*

O outro lado da moeda

A falta de amor ou a ausência do amor expresso de forma correta também acontece quando ponho o meu filho como centro do mundo e ajo com superproteção em relação a ele. Os pais, muitas vezes, se tornam reféns dos filhos. Se não fazem o que eles querem, em geral estes fazem birra ou um charminho, e a mãe logo cede. Os pais pensam que, se estão em falta com o filho por qualquer motivo, devem compensar fazendo-lhes todos os gostos. Recompensam birras e até o mau comportamento dos filhos, reforçando, assim, posturas inadequadas e preparando as crianças para grandes sofrimentos.

Hoje talvez o filho até seja o "reizinho" da casa, mas, quando tiver que enfrentar o mundo e fizer algo errado, a queda será grande, e não haverá quem o posso salvá-lo.

O autor Hernandes Dias Lopes, uma das grandes referências em nosso ministério, comenta:

> Os pais precisam dosar correção com encorajamento. Há filhos que só recebem críticas e palavras de reprovação sem jamais escutar uma palavra de incentivo e encorajamento. Os pais precisam aprender a elogiar e destacar os pontos positivos ao mesmo tempo em que prestam socorro em suas fraquezas. Se só escutam reprimendas, crescerão aleijados emocionalmente e se arrastarão pela vida, esmagados pelo complexo de inferioridade. Se os filhos só escutam elogios, crescerão sem musculatura emocional, despreparados para os confrontos da vida.[16]

Em alguns lares, é o filho que escolhe o que vai comer; caso contrário, faz cara feia ou chora, e os pais, já estressados, caem no erro de aceitar. Se ligam a televisão em um programa que as crianças não querem, mais uma vez estas esperneiam, e os pais vão realizando tudo o que desejam, fazendo com que o mundo gire em torno dos filhos. Obviamente, lá na frente essa equação vai dar errado.

Outros pais tentam supervalorizar o filho e agem como se a criança nunca errasse. Muitas vezes, endeusam os filhos, ignorando ou passando a mão em seus erros, encobrindo o que pode parecer pequeno hoje, mas que ensinará ao filho um caminho errado para o futuro. ■

PREPARANDO O FUTURO

Já vimos no capítulo 1, em relação ao perigo das referências erradas, que herdamos alguns hábitos dos nossos pais e avós, e assim por diante. Por esse motivo, temos a tendência de repetir padrões, adotar crenças falsas e, muitas vezes, nos limitar a fazer algumas coisas.

---

[16]LOPES, Hernandes Dias. *Pai: um homem de valor*. São Paulo, SP: Hagnos, 2008. p.109.

A partir da sua leitura e de pôr em prática esses ensinamentos, comece a viver um novo tempo marcado por novos hábitos.

Um dos ensinamentos ainda mais ricos é quando você começar a demonstrar amor pelos mais velhos, não apenas porque eu e você devemos reverência a eles, mas também porque, independentemente dos erros que cometeram, devemos perdoá-los e amá-los, além de ser exemplo às novas gerações.

A forma segundo a qual cuidamos dos nossos pais, tios e avós será semelhante à que os nossos filhos terão para conosco quando forem adultos.

Um exemplo simples é quando você visita os parentes com os filhos. Ensine-os a importância da relação parental. Uma visita aos domingos na casa da avó, daquela tia mais velha, entre outros, vai se tornando um hábito. Naturalmente, quando eles crescerem, repetirão as visitas.

No entanto, se eles nunca viram você fazer tal coisa, dificilmente terão essa referência quando você já estiver com o ninho vazio. Muitos pais sofrem hoje, solitários em casa, porque não criaram hábitos saudáveis de demonstrar amor em suas famílias.

Para também seguir em frente e preparar o futuro, precisamos deixar o que ficou para trás. Se fomos amados da forma errada pelos pais, devemos nos lembrar de que eles não tiveram culpa, mesmo tendo a chance de escolha; perdoar e seguir em frente é fundamental para poder começar a construir uma história diferente a partir da nossa descendência.

Talvez você não tenha sido amado da forma correta, ou tenha sido machucado por seus pais; mesmo assim recomendo o perdão, a liberação de algo que você vem acumulando e que só o machuca para que você possa viver o novo de Deus, em uma vida livre e leve. Todos nós queremos o perdão de Deus, mas precisamos lembrar que, para isso, temos que perdoar.[17]

---

[17]Marcos 11.25,26.

■ *Toque da Márcia*

O poder do elogio

Qual foi a última vez que saiu da sua boca um elogio sincero aos seus filhos, ao seu cônjuge, ou aos seus pais?

Talvez não haja nada pior para uma família que algum dos integrantes ter a sensação de que não é amado ou valorizado. O elogio abastece a alma, afaga o coração e produz felicidade. Além de aproximar as pessoas, o elogio é uma forma correta de demonstrar amor.

Com o nosso ritmo diário, muitas vezes cobramos mais que elogiamos. Às vezes, até focamos mais no que eles fazem de errado do que nas coisas que eles têm de bom.

Nas nossas palestras, eu sempre gosto de usar uma metáfora bem clara para explicar isso. Ela fala da abelha e da mosca, uma ilustração que explica duas formas diferentes de ver a mesma coisa e nos estimula a focar no positivo e assim elogiar mais.

Não sei se você já percebeu, mas as moscas têm um foco sempre nas coisas negativas.

A mosca pode estar em um jardim florido e mesmo assim não se importará com as flores, mas focará em algum excremento que está no cantinho. Todo jardim tem algum excremento, inclusive o seu jardim.

Focar o excremento em vez das flores é um padrão de vida e do instinto da mosca.

Muitas pessoas também são assim. Sempre focam o lado negativo. Se você sempre encontra algo ruim ou negativo nas pessoas, você tem uma visão mosca da vida, e isso prejudica o dia a dia da sua família.

E a abelha? A abelha age completamente diferente da mosca. Ela pode estar em um lixão a céu aberto, mas sempre focará a pequena florzinha que se encontra por ali.

Na vida cotidiana, as pessoas com visão abelha, sempre olham o positivo. Toda situação, por pior que seja, toda pessoa, por mais difícil de conviver sempre terá algo positivo.

Focar a flor em vez do excremento é um padrão instintivo da abelha, ela sempre agirá assim. Se você é aquela pessoa que sempre busca o lado positivo das situações e das pessoas, você está enxergando como a abelha.

E você? Hoje tem sido mais abelha ou mosca na sua família? Tem elogiado ou criticado mais?

Pense em quando você recebe um elogio. Você fica feliz? Assim também acontece com as pessoas da sua família. Exercite elogiar mais e blinde cada dia mais a sua casa.

Em Mateus 3.17, Deus fala de seu filho: *Então uma voz dos céus disse: Este é o meu Filho amado, em quem me agrado*, Deus aqui apresenta seu Filho e reforça seu amor e agrado por Ele, ressaltando o que Jesus tem de positivo.

O escritor Brian Molitor em seu livro *Boy's passage, man's journey* cita:

> No sentido mais profundo, abençoamos alguém quando proferimos palavras de encorajamento e afirmação à pessoa. Saber que as nossas palavras podem ser usadas para preparar os nossos filhos e filhas a propósitos santos é algo verdadeiramente fantástico. Uma palavra bem escolhida vinda de um pai na hora certa é capaz de encorajar, esclarecer, fortalecer e guardar um filho ou filha dos percalços da vida que inevitavelmente acontecerão.[1]

Ressaltar as características positivas muda tudo para a vida dos nossos filhos. Muda inclusive as atitudes deles, reforçando a necessidade de repetirem sempre o que é bom.

Assim como um bebê, que é elogiado quando faz algo de engraçado, volta a repetir algo dezenas de vezes, os nossos filhos ou cônjuge também terão a tendência de repetir atitudes que são reconhecidas de forma positiva.

Elogie, essa é uma forma de amor que blindará as crianças da sua família e protegerá o seu lar. O elogio preparará os seus filhos para enfrentarem os desafios do mundo, levando-os a sentir-se mais fortes e amados. ■

O LADO OPOSTO DA FORÇA

A falta de amor também acontece quando falamos palavras de maldição, em vez de palavras de amor.

O que você tem falado do seu filho? "Que menino danado", "Esse só me dá aperreio", "Menino, você não tem jeito", "Se você fosse igual ao filho de fulana, você seria um anjo", "Você não vai dar para nada!", "Você não vai dar", "Você não presta!", "Você não consegue fazer nada direito!"

E para o seu cônjuge, o que você tem dito? "Eu já não aguento mais você", "Você não tem jeito", "Não vejo a hora de não depender mais de você para poder me separar", "Nem tente! Você é um perdedor!". As palavras execráveis marcam a vida das pessoas e são uma armadilha que pode destruir a nossa família.

Precisamos trazer valor e reforçar as coisas boas de uma pessoa, o que ela é ou o que conquistou; não reforçar aquilo que fez de errado ou o que não concordamos em sua ação.

No entanto, é preciso ter cuidado com os elogios, pois alguns deles podem não surtir o efeito desejado. Para fazer um elogio perfeito, siga estes quatro passos:

- Seja específico
  Por exemplo: "Parabéns por ter arrumado sua cama como a mamãe ou o papai ensinou!"

- Congruente
  Por exemplo: "A mamãe sempre faz um ótimo pudim; vocês não concordam, crianças?"

- Verdadeiro
  Por exemplo: "Olhe-se no espelho e veja como você é bonito!"

- Elogie sempre o ato
  Por exemplo: "Você estudou bastante e conseguiu tirar dez na prova. Parabéns pelo esforço!"

> **DESAFIO PROPOSTO**
>
> Durante os próximos 21 dias, quero desafiar você a, pelo menos uma vez por dia, fazer um elogio aos seus filhos ou ao seu cônjuge, seguindo os quatro passos de um elogio perfeito.

O PODER DE UM ABRAÇO

Um abraço pode mudar o dia de uma pessoa e é uma ótima forma de demonstrar amor da forma correta. A gente só descobre a importância do abraço quando precisa de um. No dia a dia de desafios, de medos, de insegurança, quantas vezes você precisou de um abraço? Quantas vezes um filho que acabou caindo nas drogas precisou do abraço do pai ou da mãe e não teve?

O amor quando não é expresso devidamente pode ser representado também quando nos envolvemos com tantas coisas a ponto de nos esquecer de abraçar as pessoas mais próximas e de dar amor através do abraço.

Muitas pessoas carregam feridas emocionais, a maioria delas no peito, e queremos a todo custo nos livrar dessas dores, mas tropeçamos e, por conta disso, nos ferimos mais, seja por frustrações em esperar mais dos outros, seja por decepções. E um abraço pode mudar tudo. Se pudéssemos usar mais o poder de um abraço, discutiríamos menos e abraçaríamos mais.

Você não vai lembrar, mas, quando chorou pela primeira vez, ao vir ao mundo, a primeira coisa que recebeu para acalmar foi um abraço da sua mãe, ou do seu pai, ou de ambos. Esse é o primeiro gesto que, sem seguir um manual de instruções, todos os progenitores fazem e com isso demonstram aos filhos onde se encontra o porto seguro na vida deles. A grande questão é que os anos passam e cada vez menos essas crianças são abraçadas.

O abraço protege dos efeitos do estresse, da depressão e da ansiedade. Diminui os níveis de cortisol, conhecido como o hormônio do estresse. A questão é que, de um lado, não temos pessoas abraçando e, do outro, a maioria das pessoas que abraçam, só o fazem por no máximo três segundos, sem nenhuma entrega ou emoção.

Lembra da última vez que você abraçou alguém? Foi de verdade ou não passou de um tapinha nas costas, só para ser educado?

A questão é que esse tipo de abraço não funciona. Quando um abraço demora pelo menos 20 segundos há um efeito terapêutico sobre o corpo e a mente. Pois esse tipo de abraço vai produzir um hormônio chamado oxitocina*, conhecido como o "hormônio do amor", que também é gerado durante o beijo e o ato sexual.

·············· DESCOMPLICANDO ··············

*Oxitocina

A oxitocina é um hormônio produzido pelo hipotálamo e está também ligada ao vínculo entre mãe e filho e ao vínculo entre casais. Ela diminui as respostas de ansiedade e estresse nas interações sociais. Também está relacionada com o desenvolvimento de confiança, generosidade e empatia. Esse hormônio é responsável pela aproximação entre as pessoas e pela formação de laços. Abraços, beijos e carinhos aumentam rapidamente os níveis de oxitocina no ser humano.

Para Paul Zak, autor do livro *A molécula da moralidade*,[18] a oxitocina é a "cola" que une famílias e sociedades. Além disso,

---

[18] Disponível em: <https://veja.abril.com.br/ciencia/oxitocina-a-molecula--da-moral/>. Acesso em: 25 maio 2018.

o abraço fortalece o nosso sistema imunológico e até consegue melhorar a nossa pressão arterial. Quando estamos abraçados, sentimos um vínculo com o outro e sensação de bem-estar. Sentimo-nos apoiados e protegidos.

De acordo com estudo feito na Universidade do Missouri, nos Estados Unidos, o abraço da mãe diminui a ansiedade das filhas.[19] É um santo remédio para quem está passando por situações de estresse.

Talvez você tenha dificuldades de abraçar. Diversas pessoas cresceram em famílias nas quais essa prática não é recorrente. Mais que isso, a nossa sociedade chega a considerar que demonstrações de amor públicas são uma vergonha.

Por esse motivo, muitos de nós criamos uma capa dura, que não nos permite demonstrar os nossos sentimentos e, mesmo em casa, não nos abrimos para demonstrar afeto.

Caso esse seja o seu caso, comece por acariciar, pegar na mão, dar um abraço leve e depois passe para o abraço verdadeiro e profundo.

A nossa proposta é que você crie o hábito de abraçar por 30 segundos as pessoas que ama, pois isso trará um efeito terapêutico e deixará o ambiente familiar muito melhor e claramente será uma forma de demonstrar o amor correto.

DESAFIO PROPOSTO

Propomos que nos próximos 21 dias você abrace pelo menos uma pessoa da sua família por dia, durante 30 segundos.

---

[19]Disponível em: <https://gauchazh.clicrbs.com.br/saude/vida/noticia/2016/05/seis-fatos-que-a-ciencia-ja-provou-sobre-o-abraco-5806443.html>. Acesso em: 25 maio 2018.

A COLHEITA DO AMOR NÃO
EXPRESSO DEVIDAMENTE

Uma criança que não foi amada da forma correta resultará em um adulto com uma série de problemas, que poderão afetar-lhe a vida conjugal, profissional, espiritual e social. Daí a nossa grande responsabilidade, como pais ou responsáveis, de amar da forma correta os filhos.

Só temos uma oportunidade de ser pais e mães verdadeiros. Seu filho nunca mais terá a mesma idade que tem hoje e você não terá outra oportunidade de voltar atrás. Ou fazemos o melhor agora, ou todos colheremos resultados indesejáveis lá na frente.

Vamos apresentar cinco perfis que podem ser gerados, nos filhos, caso o amor não seja devidamente expresso. São fatores que podem marcar toda uma vida. Quando adultos, os filhos podem apresentar essas características simplesmente por terem sido amados da forma equivocada. Analise cada um deles e verifique se você se identifica com algum dos perfis.

O primeiro é que serão **autossuficientes**. Se criamos os filhos de forma que eles não dependam de ninguém, nem esperem nada dos outros, lá na frente podemos ter ajudado a transformá-los em pessoas que não se relacionam como deveriam e acham que não precisam dos outros para viver.

Dessa forma, teremos mulheres com dificuldades afetivas amorosas, a ponto de não conseguir se fixar com uma pessoa, já que os pais a terão treinado para não precisar de outra pessoa; bem como homens arrogantes e autoritários, inclusive no local de trabalho, pois terão aprendido a ser assim desde pequenos.

O segundo é o oposto. Quando essa criança foi criada sem o amor suficiente, marcado pela falta de atenção e do cuidado dos pais, ela pode viver em um grande vazio, com **uma vida sem sentido**. Agora na fase adulta, essa pessoa nunca estará satisfeita com nada, pois nada completa aquele vazio que foi criado na infância. Ela pode se tornar uma pessoa extremamente crítica com tudo ou bastante exigente.

O terceiro é o **perfeccionismo**. Como a criança não recebeu amor, mesmo tentando fazer de tudo para agradar os pais, ela sempre buscará a perfeição e se cobrará para sempre fazer o melhor, o que lhe trará muitos prejuízos. Isso pode ser ocasionado também pelas constantes cobranças dos pais durante a infância dos filhos.

Se a criança foi ignorada ou se sentiu insignificante durante a infância, ela pode ter desenvolvido **um alto grau de insensibilidade**, que é o quarto fator. Quando, devido às críticas, a criança, de maneira geral, se acha ilegítima, a mais feia, a mais fraca, qualquer coisa que alguém lhe disser será considerada uma crítica ou uma chacota, levando-a a ficar chateada, [e poder levar a essa insensibilidade].

O quinto fator que poderá acometer as nossas crianças é a **vitimização**. Por ter sido ignorada durante a infância, ter se sentido abandonada, a criança passa a precisar da atenção de todos na fase adulta. E, para garantir que seja assim, ela se vitimiza, já que compreende que essa é a única forma de conseguir chamar a atenção.

Análise qual desses fatores pode ocorrer no relacionamento com os seus filhos e mude a forma de demonstrar amor, influenciando, dessa maneira, o futuro das suas crianças e protegendo a sua família.

PRINCÍPIOS QUE PROTEGEM FAMÍLIAS

Os princípios são as normas ou os padrões de conduta que regem uma pessoa ou um grupo de pessoas. Dizem respeito à essência de algo e para mim, em especial, norteiam a própria vida. A minha vida se baseia totalmente em princípios, e sempre digo aos meus filhos que podemos fazer qualquer coisa na vida, menos ir contra os nossos princípios. Deus é um Deus de princípios; a Bíblia está repleta de princípios e é dela que extraímos o guia para proteger a nossa família. Veja abaixo alguns princípios que podem ser fundamentais para ajudar você a elencar as prioridades certas para a sua família.

Princípio 1: Ser testemunho vivo

Com isso todos saberão que vocês são meus discípulos, se vocês se amarem uns aos outros (Jo 13.35).

Todos nós sabemos que Deus é amor, bem como sua essência. O melhor testemunho que podemos dar, tanto na nossa família, quanto fora da nossa casa, é amar como Deus ama.

Nada pode ser mais importante em ser discípulo de Cristo do que amar uns aos outros, e a mensagem da carta de João deixa isso muito claro para nós. No versículo anterior, a Bíblia lembra que devemos nos amar como Ele nos amou. É a partir do exemplo do amor de Deus por nós, que precisamos amar uns aos outros, e, quando fizermos isso, todos saberão que somos discípulos de Cristo.

Amar é sim o melhor testemunho que podemos dar no nosso lar do poder de Deus na nossa vida. Se não amarmos os da nossa família, como poderemos amar os de fora?

Quando decidirmos amar como Jesus ama, testemunharemos o amor de Deus de forma poderosa. Isso passa a ser a nossa identidade. Assim como no trabalho precisamos de um crachá, ou um uniforme; ou num evento levamos uma credencial, para que as pessoas saibam quem somos, quando resolvermos viver de um modo cristão, as pessoas nos identificarão como filhos de Deus através do amor que temos uns pelos outros.

Você pode ter um crucifixo, uma camisa com frases cristãs, escutar música *gospel* e até saber de cor alguns versículos, mas, se não amar, o seu testemunho não terá validade. Por isso, precisamos entender que buscar o amor correto no nosso lar é o primeiro princípio que devemos pôr em prática para que nos pareçamos mais com Deus.

As pessoas precisam nos reconhecer pela intensidade do nosso amor. Precisamos amar de forma extravagante os nossos, para que eles sintam um amor que constrange, como o amor de Deus por nós, que a todo momento, independentemente das nossas falhas, está pronto para nos consolar, nos abraçar e cuidar de nós.

Princípio 2: Quem ama devidamente perdoa

Sobretudo, amem-se sinceramente uns aos outros, porque o amor perdoa muitíssimos pecados (1Pe 4.8).

Sem amor, não conseguimos o perdão; quando amamos de forma verdadeira, conseguimos superar o mal que os outros nos fizeram e lhes perdoamos, libertando-nos, assim, para uma nova vida.

Muitas vezes, não conseguimos demonstrar o amor devido aos nossos filhos porque estamos presos ao passado, às mágoas e aos ressentimentos relacionados a como fomos amados pelos nossos pais.

Entender que precisamos deixar para trás o que passou e começar uma nova história a partir de agora é fundamental para que mudemos a nossa descendência. Por mais que você não tenha sido amado da forma certa, quando amar sinceramente conseguirá perdoar muitos pecados, ou seja, muitos erros contra você; é isso o que nos diz a carta de Pedro, cujo princípio precisamos trazer para a nossa família.

Em outras versões da Bíblia, esse texto diz que o amor deve estar acima de tudo, e que deve ser de forma intensa. Não se trata de um amor passageiro ou casual, mas de um amor semelhante ao amor de Cristo, que morreu por nós para levar os nossos pecados.

Diferente de outros sentimentos que podem afastar a sua família, o amor cobre os nossos erros. Em Provérbios 10.12, lemos: *O ódio provoca dissensão, mas o amor cobre todos os pecados*. Quando amamos de verdade, conseguimos passar por cima daquelas coisas que nos fizeram mal, perdoando ao próximo.

Na mesma carta, Pedro nos lembra: *Não retribuam mal com mal nem insulto com insulto; ao contrário, bendigam; pois para isso vocês foram chamados, para receberem bênção por herança*

(1Pe 3.9). Vemos claramente que, independente do que fizeram conosco, nossa missão como cristãos é propagar o bem e promover a unidade e assim superar comportamentos que destroem relacionamentos.

O próprio exemplo de Pedro nos inspira, pois depois de ter pecado contra Jesus e de ter traído seu Mestre, vemos o reencontro de ambos antes da ressurreição de Jesus.[20] Naquele momento, Jesus poderia ter sido bravo, poderia confrontar Pedro com todos os seus erros e falhas no momento em que Jesus fora preso, ou mesmo ter lembrado que ele tinha falhado em sua promessa de seguir Jesus até a morte. Mas Jesus preferiu deixar isso para trás. Trouxe à memória de Pedro o amor que tinha pelo Mestre e depois disso entregou a Pedro uma missão de amor e vital importância: pastorear as ovelhas do Mestre.

Seguir Jesus e agir como ele agiu é um princípio que precisamos seguir para nos livrar do passado e amar de verdade a nossa família. Tome a decisão de amar mesmo tendo sido ferido(a) e entregue-se totalmente.

Princípio 3: Amar é agir

> *Se alguém tiver recursos materiais e, vendo seu irmão em necessidade, não se compadecer dele, como pode permanecer nele o amor de Deus? Filhinhos, não amemos de palavra nem de boca, mas em ação e em verdade* (1Jo 3.17,18).

Você já deve ter ouvido falar que uma ação vale mais do que mil palavras, mas, mesmo assim, temos visto pais e mães que falam que amam, mas infelizmente no dia a dia não se nota o amor em ação.

Amar é um verbo de ação, e para cumprir sua essência precisa ser exercido. Como algo prático, o amor precisa ser sincero e real; algo não apenas para ser falado, mas para ser sentido.

---

[20]João 21.15-17.

Veja o exemplo de Deus conosco. Nós conhecemos o amor dEle por nós, não apenas por termos lido belas palavras, mas porque estas palavras se tornaram atos quando Ele deu seu Filho para morrer por nós.

A Bíblia tem inúmeros exemplos de pessoas que demonstraram seu amor, não apenas em palavras. Abel, por exemplo, ofereceu o melhor de seu rebanho,[21] ou mesmo Abraão, que estava disposto a oferecer seu filho Isaque por amor a Deus.[22]

Eu e você precisamos agir de modo que demonstremos amor pela nossa família. Talvez a ação seja deixar o nosso "Isaque" (oferecer em sacrifício algo que para nós tem valor e que demonstre o amor verdadeiro). Porque de nada adianta dizer que você ama o seu filho, se não tem com ele tempo de qualidade. Precisamos analisar de que forma podemos demonstrar amor de verdade e proteger a nossa família.

Ponha esse princípio como regra na sua casa; seja extravagante no amor: beije, abrace; gaste tempo com eles; viva momentos que nunca mais voltarão e leve o que tem de melhor na vida que é amar e ser amado.

[21]Gênesis 4.3,4.
[22]Gênesis 22.10.

ARMADILHA 3

Afinal, o que é prioridade?

Ninguém pode servir a dois senhores; pois odiará um
e amará o outro, ou se dedicará a um e desprezará o outro.
Vocês não podem servir a Deus e ao dinheiro.

MATEUS 6.24

"Nada do que você veste, pensa ou diz te define
tão bem quanto as suas prioridades."

DOMÊNICO MASSARETO

Durante muito tempo da minha vida, o dinheiro era a minha prioridade. Eu acreditava que ter sucesso, obter realização profissional e garantir o futuro dos meus filhos seria o mais importante.

Comecei a minha carreira muito cedo; durante algum tempo fui vendedor ambulante, daqueles que saem no meio da rua; eu andava com uma bolsa com barbeador, DVD, livro infantil, chaveiro, escova. Tratava-se de uma sacola das surpresas, pois sempre tinha alguma novidade.

De ambulante na rua, consegui estudar. Fiz 3 faculdades e um MBA, e consegui vencer na vida financeiramente. Aprendi tudo que se falava sobre sucesso, o que era ter sucesso, como ter sucesso, li todos os livros sobre o assunto e corri loucamente atrás do sucesso que o mundo oferecia.

A questão é que o sucesso do mundo muitas vezes nos faz inverter as prioridades. Eu tinha conquistado um carro legal, a casa dos meus sonhos, mas para isso fugi do que realmente era importante.

Tínhamos até uma foto da família no álbum de fotografia ou nas postagens nas redes sociais, que, para quem olhasse, éramos a família perfeita.

Na minha corrida ao sucesso, paguei um preço alto, e por mais que a foto da nossa família fosse bonita e invejada, no fundo tinha algo oco, vazio; vivíamos uma mentira. Na busca incessante por poder, dinheiro e *status*, eu tinha deixado de lado o que tinha real valor.

A minha profissão me ocupava 10, 12, 14 horas de trabalho por dia; o meu dia preferido da semana era a segunda-feira e achava que o mais importante na minha vida era deixar um imóvel para cada filho meu. Se eu fizesse isso, teria cumprido a minha missão.

Não sei como você está tratando a sua família, mas, durante bom tempo, eu achava que cuidar da família era sustentar a minha casa e garantir o futuro dos meus filhos. Ledo engano.

Nessa inversão de prioridades, correndo atrás do sucesso profissional, eu não vi a minha filha mais velha crescer, que hoje tem 20 anos. Eu não ia às festas de dia dos pais. Eu faltava nas feiras de ciências, e achava que era coisa de mulher ir a uma reunião para ouvir sobre o desempenho dela na escola.

A minha filha era órfã de um pai vivo. Um pai distante, mesmo que fisicamente estivesse tão perto.

Nunca mais a verei cair da bicicleta, perder um dente de leite, ou assistir à primeira apresentação na escola. Essas coisas nunca mais acontecerão.

Você já deve ter ouvido a frase que diz que nenhum sucesso profissional ou financeiro compensa o fracasso familiar; no entanto, a maioria de nós inverte as prioridades e continua trabalhando excessivamente, em busca de sucesso e deixando de lado o sucesso verdadeiro que é uma família saudável.

Enganam-se aqueles pais que pensam que a melhor coisa que podem fazer pelos filhos é deixar-lhes uma herança.

Eu não sei quais coisas na vida dos seus filhos você já perdeu por ter outras prioridades, mas quero alertar você que há coisas que não voltam. Ou você vive o momento, ou não o verá nunca mais.

Não sei quanto tempo você dedica aos seus filhos ou aos seus pais, mas tenho certeza de que eles são o grande tesouro da sua vida. Portanto, saiba valorizá-los.

Resolvi mudar de vida. Por isso, este capítulo é tão importante, pois aqui tratamos de um perigo silencioso, que, sem nos darmos conta, vai destruindo a nossa família.

Depois que entendi a importância de gerenciar bem as prioridades, tenho procurado recuperar o tempo que perdi com Emilly, a nossa filha mais velha. Mesmo tendo perdido muita coisa com ela na infância, fui com ela ao primeiro dia da faculdade, à primeira aula, levei-a à universidade, o que para uma menina que tinha 17 anos, foi um verdadeiro mico, mas, para mim, a minha única oportunidade de vê-la entrando no primeiro dia em sua nova fase de vida, um momento que não voltará nunca, mas que eu estava lá para presenciar. Isso, sim, é prioridade.

As pessoas dizem que preferem cuidar da família que ganhar dinheiro. Mas, se você olhar como elas gastam o tempo, verá onde de fato está a sua verdadeira prioridade.

Mostre a sua agenda, e eu direi o que realmente é importante para você.

Na hora da morte, ninguém lembrará do que não comprou, adquiriu ou deixou de ter. As pessoas sentirão falta do abraço que não deram, do perdão que não liberaram ou do "Eu te amo" que não pronunciaram a uma pessoa importante.

A DIFICULDADE DE DEFINIR O QUE É IMPORTANTE

Em um mundo onde tudo passa muito rápido, onde vivemos em uma avalanche de informações, cada vez fica mais difícil nos dedicarmos ao que realmente importa. Por mais que todos tenhamos sonhos, quando paramos para refletir, vemos os anos passando e cada vez os nossos sonhos ficam mais longe de ser alcançados.

Muito disso pode acontecer por não definirmos bem as nossas prioridades.

O autor Augusto Cury comentou em seu *Twitter*: "Sem sonhos, a vida não tem brilho. Sem metas, os sonhos não têm alicerces. Sem prioridades, os sonhos não se tornam reais".[1]

Mas afinal, o que seriam mesmo as prioridades?

Há uma prioridade quando elegemos o que é mais importante, aquilo que deveria vir em primeiro lugar. A grande questão é que, em meio a tantas coisas para escolher, tudo pode ocupar o primeiro lugar.

Muita gente estabelece as prioridades usando os fatores tempo ou dinheiro. Você já pode ter dito um dia: "Não vou comprar este vestido novo, porque a minha prioridade é usar o meu dinheiro para fazer um curso" ou "Não vou visitar a casa dos meus avós porque estou sem tempo esta semana por causa de um trabalho extra que preciso fazer.

No dia a dia, todos temos tarefas pendentes, e as prioridades é que nos farão escolher entre o que pode e o que não pode esperar. São as prioridades que definirão se você vai decorar a casa com um tapete novo ou se vai consertar o vazamento do banheiro.

Na vida de todos nós surgirão incêndios para apagar, pois vários imprevistos podem impactar a nossa agenda. Em um mundo altamente dinâmico, o que era prioridade no início do ano pode ter deixado de ser quando chegarem as férias do meio do ano.

A nossa geração é imediatista e cada vez mais os prazos são menores. É comum as pessoas já começarem sabendo que algo é "para ontem".

Vivemos a era da informação, mas poderíamos até pensar em chamar de era da distração. Começamos o dia com a cabeça a mil, cheios de atividades para fazer. Além das tarefas diárias, temos

---

[1] CURY, Augusto. 30 de dezembro de 2013, 12:01. Tweet.

as compras da padaria ou do mercado, a consulta ao médico, as atividades da igreja, as redes sociais e uma série de informações que tomam a nossa atenção.

Falamos com uma pessoa, ao mesmo tempo em que respondemos a comentários em uma rede social; dirigimos enquanto atendemos uma ligação no celular; comemos ao mesmo tempo em que lemos as notícias. Você está aqui agora lendo este livro, mas, em algum instante, a sua cabeça pensará no que fará daqui a pouco ou mesmo amanhã no trabalho.

Falando em informação, segue mais uma para você: vivemos hoje a síndrome chamada de *Information overload*,* onde somos impactados por um excesso de informações que dificulta o simples fato de podermos escolher o que é prioridade. São tantas coisas a todo momento, que nem sabemos no que nos concentrar, para onde olhar.

···················· DESCOMPLICANDO ····················

*Information overload

Esse termo se tornou popular pela primeira vez através do livro *Future Stock*, em 1970, do *best-seller* Alvin Toffler. Hoje é usado para diagnosticar o excesso de informações a que somos expostos diariamente, fazendo com que seja difícil escolher o que realmente faz sentido na nossa vida.

Assistimos a mais de sessenta propagandas por dia, uma pessoa em média durante a vida será impactada por mais de dezesseis mil horas de publicidade, o que daria tempo para fazer uma faculdade de medicina duas vezes.[2]

---

[2]Disponível em: <https://super.abril.com.br/ciencia/neuro-propaganda/>. Acesso em: 12 dez. 2018.

Eu e você somos expostos a mais de dezesseis milhões de anúncios. Isso só falando da TV; somem-se a isso as propagandas nas ruas, no celular e até em meio ao trabalho. São tantas as informações que muitas vezes temos tudo e parece que não temos nada. Para você ter uma ideia, uma edição de um jornal como o *The New York Times* contém mais informação do que uma pessoa comum poderia receber durante toda a vida na Inglaterra de 300 anos atrás.[3]

No entanto, informações em excesso e sem controle podem se tornar um problema de tempo e saúde. Distrações são, sem dúvida, o maior vilão da produtividade atualmente, pois nos tiram o foco e nos afastam de vez do que realmente é importante na vida.

Por esse motivo, vivemos em uma geração em que é comum as pessoas falarem que não têm tempo para nada. Você já deu uma desculpa de que não poderia ajudar na igreja, ou ir a uma programação com os filhos ou mesmo sair com as amigas porque não tinha tempo?

A questão que tenho aprendido é que não existem pessoas "sem tempo", o que vejo são pessoas com prioridades equivocadas, que é o grande perigo.

O seu dia está mais ou menos dividido da seguinte forma:

Tempo Total	24h
Tempo de sono	8h
Trabalho	8h
Deslocamento	2h
Alimentação/Banho	2h
Livre	4h

*Baseado em um dia de um adulto brasileiro que trabalha fora em regime de trabalho pela CLT sem outra ocupação adicional.

[3]Disponível em: <https://www1.folha.uol.com.br/folha/dimenstein/impres-cindivel/semana/gd020901a090901.htm#1> Acesso em: 12 dez. 2018.

A questão é: o que você faz com essas quatro horas livres? Todos os dias, fora os finais de semana?

Lembro você de que as pessoas bem-sucedidas, tanto as que têm o trabalho dos sonhos ou os grandes empresários, quanto as pessoas com famílias formidáveis têm as mesmas 24 horas do dia que eu e você.

A grande questão é que, em vez de reclamar que não têm tempo, elas escolhem agir segundo o que é prioridade para elas.

IMPORTANTE X URGENTE

O que eu tenho visto é que nesta geração do "tempo real", na qual reclamamos até do tempo que demora para um sanduíche ficar pronto, começamos a achar que tudo é urgente, e esquecemos do que realmente é importante.

Vejamos o que o dicionário diz sobre urgente e importante:

- *Urgente*: algo que precisa ser atendido ou feito com rapidez; que não pode ser retardado.
- *Importante*: aquilo que é essencial, que tem maior importância.

Dwight Eisenhower, presidente americano, conhecido por sua alta produtividade e mestre na administração do tempo, disse certa vez: "O que é urgente raras vezes é importante, e o que é importante raras vezes é urgente".

Em muitas situações na vida, terminamos atendendo às urgências que a vida nos impõe e esquecemos daquilo que tem maior importância. É exatamente aí que começam os problemas em casa.

Quando o trabalho nos pede urgência e deixamos de ir a um recital do colégio de um filho, ou perdemos a primeira feira de ciências, deixamos algo que nunca mais voltará.

Por um lado, o que é urgente normalmente é determinado por fatores externos e, se você parar para analisar, sempre tem a ver com atender a desejosas necessidades ou caprichos de outras pessoas.

Por outro lado, as coisas que estão na coluna importante referem-se a coisas relacionadas com a nossa vida, e nos levam a atingir algum objetivo ou sonho. Se não temos as prioridades bem definidas, terminamos fazendo as escolhas erradas.

A ESCOLHA CERTA

Gosto muito de uma história que nos mostra a diferença de quando fazemos a escolha certa. Ela me empolga, pois é baseada no princípio de Gálatas 6.7, segundo o qual tudo que o homem plantar, ele mesmo colherá. Esse é um dos princípios mais fortes na minha vida, e nos ajuda a entender melhor quais são as nossas prioridades e quanto a boa escolha pode ser decisiva. A história se passa mais ou menos assim:

Havia uma jovem muito rica, que tinha tudo: um marido maravilhoso, filhos perfeitos, um emprego que lhe pagava muitíssimo bem e uma família unida.

O estranho é que ela não conseguia conciliar tudo isso; o trabalho e os afazeres lhe ocupavam todo o tempo e sua vida estava abaixo do desejado em algumas áreas.

Se o trabalho consumia muito tempo, ela acabava tirando algo do tempo dos filhos; se surgiam problemas, ela deixava de lado o marido... E assim, as pessoas que ela amava eram sempre deixadas para depois.

Até que um dia, seu pai, um homem muito sábio, lhe deu um presente: uma flor muito cara e raríssima, da qual havia apenas um exemplar em todo o mundo.

E disse a ela: — Filha, esta flor vai ajudar você muito mais do que imagina! Você terá apenas que regá-la e podá-la de vez em quando, às vezes conversar um pouquinho com ela; em troca ela dará a você esse perfume maravilhoso e essas lindas flores.

A jovem ficou muito emocionada, afinal a flor era de uma beleza sem igual. Mas o tempo foi passando, os problemas começaram a surgir, o trabalho consumia todo seu tempo, e sua vida, que continuava confusa, não lhe permitia cuidar da flor.

Ela chegava à casa, olhava a flor, que ainda estava lá: linda e perfumada. Então, passava direto. Sem nenhum sinal de deterioração.

Até que um dia, sem mais nem menos, a flor morreu. Ela chegou e levou um susto!

Estava completamente morta, suas raízes estavam ressecadas, suas pétalas caídas e suas folhas amarelas.

A jovem chorou muito, e contou ao pai o que havia acontecido. Seu pai, então, respondeu:

— Eu já imaginava que isso aconteceria, e eu não posso lhe dar outra flor, porque não existe outra igual a essa; ela era única, assim como os seus filhos, o seu marido e a sua família. Todos são bênçãos que Deus lhe deu, mas você tem que aprender a regá-los, podá-los e dar atenção a eles, pois, assim como a flor, os sentimentos também morrem. Você se acostumou a ver a flor sempre lá, sempre florida, sempre perfumada, e se esqueceu de cuidar dela.

Em um mundo altamente conectado, com um nível de informação cada vez maior e de oportunidade inimagináveis, facilmente confundimos as prioridades e fazemos as escolhas erradas.

Talvez por isso não estejamos cuidando da nossa "flor" como deveríamos; mais cedo ou mais tarde, podemos nos arrepender, mas já não haverá volta.

No passado a palavra "prioridade" era usada apenas no singular, pois ela nasceu para se referir à primeiríssima coisa, sempre o que for mais importante. A questão é que, depois de um tempo, com um aumento grande das demandas, principalmente no mercado de trabalho, as pessoas começaram a usar a palavra também no plural.

Com isso, o que deveria ser realmente *uma* prioridade, virou *várias* prioridades. E, quando menos esperamos, não temos realmente nada prioritário, pois tudo passa a ser prioridade no dia a dia. Dificultando, dessa forma, as nossas escolhas.

Temos muitas flores, e não cuidamos de nenhuma bem. Com isso, quando menos esperamos, algumas flores do nosso jardim estão morrendo. Às vezes é o trabalho; em outro período, é a flor do casamento; em outra fase, a dos filhos, a dos amigos, e assim por diante.

Acontece com você?

O grande filósofo grego Platão disse em sua obra *A República:* "Não espere por uma crise para definir o que é importante em sua vida." [4] Mas, muitas vezes, só procuramos um filho quando ele fica adolescente e não quer mais a nossa atenção; quando ele só quer andar com os amigos, ou quando mergulhou em uma crise com drogas e você se pergunta: "Onde foi que eu errei?"

O escritor britânico J. R. R. Tolkien, famoso por obras como *O Senhor dos anéis, O hobbit* e *O Silmarillion,* certa vez falou: "Aquilo que nós mesmos escolhemos é muito pouco: a vida e as circunstâncias fazem quase tudo."

Portanto, se você não priorizar o que fará na vida, alguém o fará por você. A vida o levará por caminhos que nem sempre serão os melhores.

Por isso, precisamos escolher e saber como fazê-lo. A vida é feita de escolhas. Só você pode escolher o que é mais importante para você mesmo.

Você está preparado para abrir mão?

ABRINDO MÃO

Muitas vezes, vivemos a vida toda correndo atrás do vento.[5] Buscamos poder, dinheiro e fama, e o mundo nos passa a ideia de que, para ser feliz, precisamos de um carro do ano, a roupa de grife e o celular da moda. Cada vez trabalhamos mais e buscamos possuir mais coisas. Quando a vida passa e chegamos à linha de chegada, olhamos para trás e vemos que todo o corre-corre foi em vão. Descobrimos que poderíamos ter aberto mão de coisas que pareciam ser prioridades.

---

[4]PLATÃO. *A República*. Editora La Fonte, 2017.
[5]Eclesiastes 2.11.

AFINAL, O QUE É PRIORIDADE?

A Palavra de Deus é clara quando nos diz que de nada adianta correr atrás do vento, e os efeitos disso podem ser muito prejudiciais para a nossa vida. Por isso, quero apresentar três prioridades que podem atrapalhar a sua vida e das quais talvez tenha chegado o momento certo de você abrir mão.

1. O dinheiro

Em Marcos 8.36, a Bíblia diz: *Pois, que adianta ao homem ganhar o mundo inteiro e perder a sua alma?*

De que adianta juntar carro, cargos na empresa, ter um alto saldo bancário, mas perder as bênçãos do céu? Que valor há em se obter tudo que este mundo oferece, mas morrer e não poder desfrutá-lo? Como comparar os poucos anos que passamos aqui com toda a eternidade?

Se você parar para perceber, verá que a maioria das pessoas passa seus 40 anos de vida mais produtivos, envolvidos em uma corrida desenfreada para trabalhar mais, galgar posições no mercado de trabalho e com isso ganhar mais dinheiro.

Claro que não tem nada de errado em você prosperar, acumular bens materiais e até ser ou desejar ficar rico. O grande problema é quando esse é o único objetivo da vida ou o principal.[6]

Quando a sua vida gira em torno disso, e as suas prioridades também, o seu casamento, a qualidade de vida da sua família e os seus relacionamentos correm um sério risco de extinção.

■ *Toque da Márcia*

Precisamos atentar para a sutileza com a qual as riquezas deste mundo entram na nossa vida, pois muitas vezes, quando lemos o texto de Marcos, pensamos que isso só diz respeito a pessoas não cristãs e nos esquecemos de que mesmo aqueles que dizem crer,

[6]1Timóteo 6.9,10.

parecem muitas vezes estar tão atarefados em acumular riquezas que se afastam do propósito de Deus.

Tudo na vida deve ter equilíbrio, e precisamos balancear o tempo dedicado a cada área da vida, sem deixar de dar mais atenção ao que é importante nem esquecer as demais áreas.

Claro que cada um de nós vive uma fase diferente de vida, e em algum momento você precisará se dedicar mais a uma das áreas da sua vida. O que você não pode é renegar ou esquecer as demais, prejudicando seus propósitos.

Não podemos ficar focados em algo que não tem relação com as nossas prioridades e viver aquilo como se fosse nossa vida. É bem provável que hoje você precise abrir mão de algo em favor de algo melhor no futuro.

Eu lembro muito como foi difícil para o Darrell ter que sair do "mundo" em que ele vivia. Por ele trabalhar no mercado financeiro, a vida dele girava em torno do dinheiro e aquilo era um deus bem real em seu dia a dia.

Ele cresceu num lar com muitas dificuldades e chegou financeiramente a um estágio muito bom; e ter que escolher abdicar daquilo para viver uma nova vida foi, sem dúvida, algo sobrenatural.

Se não fosse a conversão do Darrell a Cristo, se não fosse o encontro genuíno que ele teve com Deus, jamais teria deixado a busca desenfreada por poder, dinheiro e fama — algo que o mundo considera normal na estrada do sucesso.

Com certeza, nem sequer estaríamos casados, e a nossa família teria sido destruída. Por isso, sabemos bem a importância do que significa abrir mão, e de quanto lá na frente poderemos comemorar, mesmo sendo difícil sempre. ■

Paulo nos alerta em sua carta a Timóteo que aquele que não cuida dos seus, ou os da sua família é pior do que um descrente. Portanto, se escolho um estilo de vida onde vivo atarefado apenas com coisas que visam gerar riquezas deste mundo, acabo me afastando das riquezas do Reino dos céus.

Em Mateus 6.19, Jesus nos alerta de que não devemos acumular tesouros na terra, mas, sim, no céu, pois lá a traça e a ferrugem não destroem nada, nem os ladrões podem roubar. Isso nos lembra quanto precisamos guardar coisas que tenham valor eterno, e não perder tempo em acumular coisas terrenas, pois ou nosso coração está na terra ou no céu; não há como estar em dois lugares ao mesmo tempo.

Hoje você precisa parar para pensar sobre o que realmente ama e onde está o seu coração; para isso, pense no que tem tomado o seu tempo e onde estão os seus melhores recursos.

A grande felicidade da vida na sua família estará em coisas que ninguém pode destruir, em algo que a traça não corrói nem a ferrugem destrói.

2. As emergências

A verdade é que tudo começa quando aprendemos a dizer "não". Falar não aos amigos e a algum lazer. Falar não a uma oportunidade bacana. Falar não a uma atividade que pode gerar crescimento profissional. Prioridade tem preço. E esse preço é falar não a muitas outras coisas.

Quanto mais praticamos o "não", mais controle temos sobre as nossas decisões, e paramos de ficar apagando incêndio ou atendendo às demandas de outras pessoas ou de distrações.

Um "não" que eu aprendi a dar foi não atender o celular na hora do almoço. Antes eu achava o máximo "ganhar tempo" e almoçar e já adiantar ligações, responder *e-mails*. Hoje, quando estou em casa almoçando e o celular toca, já digo: "Não atendo o celular durante as refeições. Depois eu ligo".

Com esse "não" ao celular, consigo viver o momento do almoço, não apenas alimentando-me melhor, como podendo usufruir daquele momento de comunhão com a minha família.

Quando você fala não, também está dizendo "sim" para todo o resto que entende ser fundamental para você.

O próprio Jesus é exemplo de alguém que sabia impor limites e dizer não. Lembremos da história da filha de Jairo contada em Lucas 8. Nesse trecho da Bíblia, vemos que uma multidão esperava Jesus havia muito tempo. Eles precisavam de algo do Mestre.

No entanto, Jairo chega em meio à multidão e pede a Jesus que cure sua filha. Jesus diz "sim" a Jairo e nesse momento Ele estava dizendo "não" a todos os outros que o esperavam.

Jesus disse "sim" a todas as pessoas que Ele curou, e "não" a outras pessoas algumas vezes, o que poderia ter sido um "agora não". Jesus fazia isso porque sabia da responsabilidade que tinha com o grande "sim" de sua vida que era viver a missão que Deus tinha para Ele, e disso não poderia abrir mão.

3. O *multitasking**

A vida só é possível quando nos concentramos em uma tarefa de cada vez. Quando estou brincando com o meu filho, preciso estar *com* ele. Quando estou jantando em um restaurante comemorando mais um ano de casado *com* a minha mulher, preciso estar 100% envolvido naquele momento.

Se estou lendo a Bíblia, preciso ler de fato a Bíblia.

É preciso foco para ser pleno. Se me distraio, estou perdendo o momento. Se estou em um lugar e estou sempre preocupado com o compromisso seguinte, estou fora de equilíbrio.

.... DESCOMPLICANDO ....

*O *multitasking*

É aquela pessoa que tem a habilidade de fazer mais de uma tarefa ao mesmo tempo e alterná-las de maneira rápida. Fazem parte desse grupo todos os de uma geração conectada que acha o máximo poder fazer mais de uma coisa simultaneamente.

A necessidade da geração do tempo real e do excesso de informação também nos leva a correr alguns perigos. Pense, por exemplo, naquela pessoa que, mesmo dirigindo, responde a mensagens no celular.

Ela prefere correr o risco de ficar paraplégica que deixar de responder "Bom dia" a seu grupo ou curtir a última foto de uma amiga. Hoje o uso de celular ao volante já é a terceira maior causa de fatalidade no trânsito, segundo a ABRAMET.[7]

Pessoas que não sabem definir com sabedoria suas prioridades se arriscam desde a ter uma simples multa, que pode ser algo leve, a sofrer um acidente, podendo chegar à morte, por vezes, até de filhos que estão no veículo, simplesmente por causa da falsa urgência que a vida lhes impõe.

Um dos estudos da psicologia positiva sugere que, para encontrarmos a felicidade autêntica, precisamos viver um estado chamado *Flow*,* que surge quando estamos tão envolvidos com alguma atividade que não conseguimos prestar atenção no tempo, na fome, no ambiente ou em nada mais.

DESCOMPLICANDO

*Flow

O estado *Flow*, ou de fluxo, é um estado emocional positivo, conceito desenvolvido na década de 70 por Mihály Csíkszentmihályi, um dos psicólogos mais prestigiados no estudo da psicologia positiva. Ao experimentar esse estado, a pessoa se encontra totalmente envolvida em uma atividade de seu próprio prazer, na qual o tempo voa, e as ações, os pensamentos e os movimentos acontecem um atrás do outro, sem sequer parar para planejá-los.

---

[7]Disponível em: <https://g1.globo.com/sao-paulo/semana-nacional-transito/noticia/celular-e-a-terceira-maior-causa-de-mortes-no-transito-no-brasil-diz--pesquisa.ghtml>. Acesso em: 20 dez. 2018.

Trata-se daquele momento no qual estamos tão engajados que as horas passam e nem percebemos. Se você se perguntar: "O que faz a vida valer a pena?", verá que as coisas que realmente são prioridades para você, nas quais estão envolvidos seus maiores talentos e paixão, devem ser exatamente aquelas que são feitas em estado de *flow*, com prazer e satisfação total, sem que haja a preocupação com o que está fora daquele momento.

Pessoas entram em *flow* praticando seu esporte preferido, desenhando, pintando, correndo, meditando, orando e até trabalhando, quando amam o que fazem.

Se você já teve a sensação de estar tão imerso em algo que perdeu até a noção do tempo, provavelmente você estivesse vivendo um estado de *flow*, e esses momentos são muito importantes para curtirmos o que realmente vale a pena.

O psicólogo e autor do conceito de *flow*, Mihály Csíkszentmihályi, acredita que, quando estamos totalmente envolvidos com todos os detalhes da vida, é quando encontramos a felicidade.

Pense: em quantas festas de final de ano você estava em meio a sua família, mas talvez não estivesse 100% naquele momento? Quantas vezes você levou o filho para jogar bola e, em vez de viver aquele momento, estava preocupado com algo do trabalho que você precisaria resolver para o dia seguinte e não estava realmente presente na partida?

Infelizmente, perdemos momentos importantes, mesmo estando fisicamente no local onde as coisas aconteceram.

O QUE ESTÁ NO SEU CORAÇÃO?

O mundo nos estimulará para que acumulemos cada vez mais, para que tenhamos um melhor emprego, um carro mais moderno e o celular de última geração. Com essas exigências todas, terminamos nos cobrando muito, desde a roupa que usaremos, ao cabelo impecável, passando pelo fato de que os nossos filhos precisam ser "alguém na vida".

AFINAL, O QUE É PRIORIDADE?

Recebemos a ideia de que temos que trabalhar muito para dar uma vida confortável para os nossos filhos, e isso inclui passear nas férias e postar as fotos nas nossas redes sociais.

A grande questão é: que preço estamos pagando por isso?

O presidente americano Thomas Jefferson, que chegou a viver o auge do poder, certa vez disse: "Os momentos mais felizes da minha vida foram aqueles, poucos, que pude passar na minha casa, com a minha família".

Se pararmos para conversar com um doente terminal, em uma UTI, dificilmente ele pedirá para ver as escrituras dos imóveis que possui, nem mesmo a chave de seu carro ou extrato do banco. No final da vida, quando avaliamos o que realmente vale a pena, são os momentos com a família, o tempo com o amor da sua vida, um abraço, um beijo ou uma palavra que você queria ter falado e não falou.

A escritora australiana Bronnie Ware, que é especialista em doentes terminais, reuniu em seu livro *Confissões honestas e francas de pessoas em seus leitos de morte* e menciona os cinco principais arrependimentos das pessoas prestes a morrer[8].

São eles:

1. Eu gostaria de ter trabalhado menos.
2. Eu queria ter tido a coragem de viver a vida que eu desejava, e não a que os outros esperavam de mim.
3. Eu queria ter expressado mais os meus sentimentos.
4. Eu queria ter mantido contato com os meus amigos.
5. Eu queria ter sido mais feliz.

A própria Bíblia nos lembra em Mateus 6.21: *Pois onde estiver o seu tesouro, aí também estará o seu coração*. A questão é que

---

[8]Disponível em: <http://g1.globo.com/ciencia-e-saude/noticia/2012/02/livro--lista-5-principais-arrependimentos-de-pessoas-prestes-a-morrer.html>. Acesso em: 22 dez. 2018.

passamos a vida toda pondo o coração no lugar errado, correndo atrás do vento.[9]

Passamos os principais e os mais importantes anos da nossa vida correndo atrás de coisas que não têm valor, ou que não são de fato as nossas prioridades. E lá na frente, no fim da vida, poderemos nos arrepender.

Quando dizemos que o nosso coração está em algo, esse algo é o que define as nossas prioridades, a nossa forma de agir e como dedicaremos nosso tempo e recursos.

O contrário também é verdadeiro, se paramos para perceber onde estamos investindo o nosso tempo e os nossos recursos, claramente veremos onde está o nosso coração. Desse modo, temos tempo de corrigir isso agora, antes que venhamos a nos arrepender depois.

PRINCÍPIOS QUE PROTEGEM FAMÍLIAS

Os princípios são as normas ou os padrões de conduta que regem uma pessoa ou um grupo de pessoas. Dizem respeito à essência de algo e para mim, em especial, norteiam a própria vida. A minha vida se baseia totalmente em princípios, e sempre digo aos meus filhos que podemos fazer qualquer coisa na vida, menos ir contra os nossos princípios. Deus é um Deus de princípios; a Bíblia está repleta de princípios e é dela que extraímos o guia para proteger a nossa família. Veja abaixo alguns princípios que podem ser fundamentais para ajudar você a elencar as prioridades certas para a sua família.

Princípio 1: A prioridade é Deus

A Palavra de Deus diz claramente em Mateus 22. 37,38: *Ame o Senhor, o seu Deus, de todo o seu coração, de toda a sua alma e de todo o seu entendimento. Este é o primeiro e maior mandamento.*

[9]Eclesiastes 2.17.

AFINAL, O QUE É PRIORIDADE?

Essa deve ser nossa maior prioridade, amá-Lo, buscar ser mais parecido com Cristo e, com isso, proteger o presente que Ele nos deu, que foi a nossa família. Quanto mais amamos a Deus, mas transbordaremos esse amor no nosso lar.

Não se trata de amá-Lo um pouco mais do que amamos a nossa família; o nosso amor por Ele tem que estar em uma categoria diferente.

A distância entre o nosso amor por Deus e o que sentimos pelo cônjuge deve ser gigantesca. Os dois amores nem devem ser dignos de comparação.

Normalmente as pessoas nas igrejas ordenam sua entrega de amor assim:

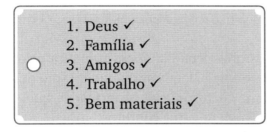

Quando na verdade deveríamos construir algo assim:

1. Deus* ✓

2. Família ✓
3. Amigos ✓
4. Trabalho ✓
5. Bem materiais ✓

Deus requer que o tratemos como Santo, que significa "separado".

---

*[NE]: Aqui o autor ao separar ou dar distância entre as duas palavras quer exemplificar que: "A distância entre o nosso amor por Deus e o que sentimos pelo cônjuge deve ser gigantesca".

E isso acontece quando você começa a aumentar o seu tempo de contemplar Deus, quando passa mais tempo com Ele e se entrega apaixonadamente a Ele.

Ore mais, tenha esse tempo a sós com Deus de forma regular, como uma busca pessoal, algo que lhe satisfaça e lhe faça falta nos momentos em que não puder fazê-lo.

Demonstre amor também vivendo uma vida conforme os propósitos de Deus, sendo um exemplo dEle aqui na terra e buscando aprender cada vez mais sobre Ele.

Princípio 2: Sua família é a prioridade na terra

Se alguém não cuida de seus parentes, e especialmente dos de sua própria família, negou a fé e é pior que um descrente (1Tm 5.8).

Depois de entendermos que Deus é a nossa primeira prioridade, precisamos informar os demais, lembrando que mesmo dentro da nossa família existe uma hierarquia de prioridades que, se não forem bem entendidas, podem gerar conflitos.

Por exemplo, se você é casado(a), o seu cônjuge deve ser a sua próxima prioridade. Um homem casado deve amar sua esposa assim como Jesus amou a igreja, conforme registrado em Efésios 5.25. Seguindo o exemplo de Cristo, depois de amar a Deus e seguir o plano dEle, o que Jesus mais cuidou foi de sua igreja.

Na sequência vêm os filhos, os presentes que Deus nos deu[10] e que precisamos guiá-los na Palavra,[11] ensinando-os dia e noite[12] o caminho do Senhor.

Precisamos lembrar que Deus nos diz que devemos honrar os nossos pais para que possamos ter vida longa e que tudo corra bem aqui na terra[13]; com isso, entendemos que os nossos pais

[10]Salmo 127.3.
[11]Provérbios 22.6.
[12]Deuteronômio 6.7.
[13]Êxodo 20.12.

AFINAL, O QUE É PRIORIDADE?

também precisam entrar nessa lista de prioridades, depois de Deus, do nosso cônjuge e dos nossos filhos.

Só depois viriam os demais da família; na sequência, amigos e relacionamentos, e depois os bens materiais. Essa ordem de prioridades seguida como princípio nos fará ter uma vida melhor.

Princípio 3: Tudo tem seu tempo, aproveite os bons momentos

A Bíblia nos ensina no conhecido versículo de Eclesiastes 3.1: *Para tudo há uma ocasião certa; há um tempo certo para cada propósito debaixo do céu.* Mesmo assim, vivemos tentando antecipar as coisas; em outros casos, muitas vezes presos ao que vivemos no passado, sofrendo de depressão; ou na expectativa do que acontecerá no futuro, dominados pela ansiedade.

Poucos vivem a grande dádiva chamada presente.

É exatamente dessa dádiva que tiramos este terceiro princípio para as famílias, o de aproveitar o presente, o tempo chamado hoje, agora.

Se o meu filho estiver jogando futebol, devo viver esse momento; se é a minha filha no balé, vou curtir essa apresentação; se eu e o meu amor estivermos jantando juntos, é aí que eu estarei. É preciso focar o que eu estou fazendo como se esse fosse o único lugar do mundo para estar.

Para que tenha êxito nisso, quero deixar uma técnica para ajudar você.

A tudo que lhe oferecerem, lembre-se sempre de que existem três saídas, fazer aquilo, não fazer, ou adiar.

Se o sábado é o dia de ficar com as crianças, e aparece uma amiga com um problema e pede a sua ajuda, você precisa lembrar sempre das 3 saídas e escolher a que se encaixa melhor. Não há nada demais em dizer à sua amiga: "Amo você, mas não posso lhe dar o que está me pedindo neste instante porque tenho outras prioridades".

As suas escolhas devem ser definidas pelas prioridades com as quais se comprometeu; não pelas escolhas de outras pessoas.

Lembre-se sempre de que existem três saídas que o ajudam a viver o presente.

Princípio 4: A excelência honra o céu

Tudo o que fizerem, façam de todo o coração, como para o Senhor, e não para os homens (Cl 3.23).

Se entendermos que cada coisa que fizermos será para o Senhor, imagino que a faríamos com um alto grau de excelência. A sua carreira, o seu casamento, a sua relação com os filhos, a gestão do seu tempo para poder produzir mais e ficar mais feliz. Além disso, o cuidado com o seu corpo, templo do Espírito Santo, será muito mais zeloso, por entender que o que está fazendo é para o Senhor.

Nós poderemos ser muito beneficiados se percebermos que Deus está olhando para tudo o que fazemos. Se não formos excelentes na nossa casa nem no nosso trabalho, pouco importa sermos excelentes na igreja.

Em Daniel 6.3, as Escrituras nos lembram que Daniel foi constituído príncipe porque *nele havia um espírito excelente* (ARC). A excelência em tudo que fizermos honra o céu.

Muito do que não conseguimos tem a ver com a forma de nos apresentarmos. Pois, se não temos uma casa organizada, nem somos organizados, que imagem passaremos aos demais?

O grande ídolo brasileiro, Ayrton Sena disse certa vez: "No que diz respeito ao empenho, ao compromisso, ao esforço, à dedicação, não existe meio-termo. Ou você faz uma coisa bem-feita, ou não faz".

Por esse motivo, quero sugerir algumas ferramentas, com relação a esse princípio que lhe ajudarão a fazer tudo com excelência e a produzir mais.

- Faça uma reunião semanal. Tenha um tempo de vocês para conversar e falar de desafios e planos, e listar as tarefas de curto e médio prazo, além de definir quem executará cada uma.

- Tenha uma agenda. Pode ser no celular, no computador ou mesmo no papel, mas ter um local onde você anote atividades relacionadas à sua família é mais importante do que seus registros do trabalho, que provavelmente são anotados em algum local, correto?
- Delegue. Nem tudo que você faz precisa realmente fazer. Então, avalie suas atividades e veja o que pode transferir para outra pessoa (uma diarista, um membro da casa, etc.) ou eliminar.
- Não leve trabalho para casa. Entender esse princípio é importante para que você atenda bem a suas prioridades e sem dúvida seja mais produtivo. Se você estabelecer como lei de vida que não levará trabalho para casa, provavelmente irá produzir melhor no trabalho, evitando as distrações e ganhará esse tempo em casa, para o que realmente importa.
- Faça listas. Ter listas de tarefas é, sem dúvida, necessário para organizar as nossas prioridades.

Eu utilizo no meu dia a dia a Matriz de Eisenhower,[14] que é um método de gerenciamento de tempo, desenvolvido por Dwight Einsenhower, ex-presidente dos Estados Unidos entre 1953 e 1961 e considerado o papa na gestão de tempo. O conceito dele é bem simples e basicamente consiste em classificar em graus o que é importante e o que é urgente.

Para usar a ferramenta, você precisa apenas fazer esses dois questionamentos diante de qualquer atividade sua do dia: esta atividade é importante? Ou é urgente?

Para aplicar a matriz, basta fazer uma tabela com quatro campos, colocando em cada quadro as suas atividades. Veja a seguir

[14]Disponível em: <http://www.administradores.com.br/artigos/carreira/a-matriz-de-eisenhower-e-o-gerenciamento-do-tempo/89413/>. Acesso em: 2 dez. 2018.

um modelo. Lembre-se de que seria bom você colocar esse quadro em um local de fácil acesso, diariamente.

	URGENTE	NÃO URGENTE
IMPORTANTE	Resolução de crises e problemas. Projetos com prazo definido. Tarefas que precisam de atenção imediata.	Planejamento. Atividades programadas. Determinação de objetivos e metas. Construção de relacionamentos.
NÃO IMPORTANTE	Interrupções. Reuniões não importantes. Notificações no celular. *E-mails* a todo momento.	Desperdício / distrações / atrasos. Ladrões de tempo. Procrastinação. Excesso de internet / TV / redes sociais Celular.

- As coisas **importantes** e **urgentes** devem ser feitas imediatamente.
- As coisas **importantes** e **não urgentes** devem ser agendadas para serem feitas depois.
- As coisas **urgentes** e **não importantes** devem ser feitas quando houver tempo.
- As coisas **não urgentes** e **não importantes** devem ser delegadas a outra pessoa ou eliminadas.

ARMADILHA **4**

Má gestão financeira

Qual de vocês, se quiser construir uma torre,
primeiro não se assenta e calcula o preço, para ver
se tem dinheiro suficiente para completá-la? Pois, se lançar
o alicerce e não for capaz de terminá-la, todos os que a
virem rirão dele, dizendo: 'Este homem começou a
construir e não foi capaz de terminar'.

LUCAS 14.28-30

"O que o dinheiro faz por nós não compensa
o que fazemos por ele."

GUSTAVE FLAUBERT

Saiba que não é dinheiro de mais ou dinheiro de menos que traz problemas para uma família, mas sim a má gestão financeira, ou o fato de não sabermos lidar com as finanças. Isso é muito mais prejudicial do que ter ou não ter saldo no banco.

Insônia, falta de apetite, dores de cabeça, angústia, problemas de saúde, como gastrite e depressão, são cada vez mais comuns em pessoas que passam por crises financeiras.

As consequências são enormes e podem atingir todas as áreas da vida. Qualquer família que vive uma crise financeira está propensa a mais brigas e desentendimentos.

Segundo o IBGE,[1] um em cada três casamentos termina em divórcio no Brasil. São mais de 300 mil separações todos os anos, muitas delas ocasionadas por problemas de ordem financeira.

Enquanto tudo vai bem, os defeitos se escondem, mas, quando vivemos uma crise financeira, os ânimos aumentam, as palavras ficam mais duras, os momentos de lazer e passeio desaparecem, e as tensões tomam conta do lar.

Infelizmente, nos esquecemos da importância do planejamento financeiro. Como planejar não faz parte da cultura brasileira, as pessoas podem achar que isso é acessório, porque foram criadas assim, têm vivido assim e ensinam a próxima geração a ser assim; além disso, as aparências dizem que tudo está bem, mas lá na frente terão de pagar um alto preço.

A saúde financeira* não é mais importante do que a emocional, física ou espiritual, mas não pode ser deixada de lado, pois irá interferir na qualidade de vida da nossa família.

················ DESCOMPLICANDO ················

*Saúde financeira

Saúde financeira é ter o controle do dinheiro de forma que se possam atingir os sonhos materiais de curto, médio e longo prazos. Vai muito além de planilhas, cálculos ou gráficos; diz respeito a ver como hábitos saudáveis o que se refere ao planejamento financeiro.

Quem tem saúde financeira, vive uma vida estável, equilibrando momentos de lazer e momentos de economia de recursos, tratando o dinheiro como aliado, não como inimigo.

[1]Disponível em: <https://veja.abril.com.br/brasil/um-a-cada-tres-casamentos--termina-em-divorcio-no-brasil/>. Acesso em: 12 dez. 2018.

MÁ GESTÃO FINANCEIRA

Em um mundo onde todos temos atividades de trabalho, escola, faculdade, cursos, igreja e redes sociais, cada vez menos as famílias conversam; tema que veremos melhor no próximo capítulo sobre o perigo da falta de entendimento.

Mas, se não conversam sobre assuntos do dia a dia, imagina sobre finanças. Talvez você conheça poucas famílias que parem para conversar sobre finanças em casa. Pode ser até que a sua não tenha esse hábito.

Vocês já conversaram sobre dinheiro em casa? Vocês já planejaram juntos?

Como não há esse tipo de diálogo, muitas vezes um gasta mais do que deveria, outro termina se privando de algo que desejava, e a harmonia que precisa acontecer dentro da família passa longe, porque não se dedicou tempo para conversar sobre algo tão importante.

Se a família age por impulso na hora do consumo, fatalmente vai terminar endividada ou sem um caixa importante para investimentos que possam fazer diferença no futuro. Uma vida planejada e com objetivos sempre será mais feliz, e isso na vida familiar pode ser ainda mais forte e necessário.

■ *Toque da Márcia*

Muitos dos problemas financeiros que enfrentamos nos lares têm a ver com más decisões ou escolhas ruins, seja pelo apelo desenfreado da propaganda, cada vez maior, que nos oferece coisas das quais não precisamos, seja pela nossa falta de organização em separar os recursos e usá-los de uma melhor forma.

Além disso, as pessoas têm vivido um padrão de vida elevado demais para sua renda familiar; com isso pagam um preço alto, com noites sem dormir, brigas intermináveis e juros altíssimos por simplesmente não se adequarem ao estilo de vida que o dinheiro que possuem pode pagar. Aquela famosa frase, segundo a qual "as pessoas gastam o dinheiro que não têm, para comprar coisas de que não precisam, para impressionar pessoas de que não gostam" é cada vez uma realidade mais comum no nosso meio.

O que vemos é que, se a renda aumenta um pouco, automaticamente as pessoas passam a ter novas despesas, comprando algo novo ou fazendo novas compras a prazo. O brasileiro é campeão em prestações e muitas vezes nem quer saber o valor dos juros que está pagando ou se a parcela "cabe no bolso".

A falta de planejamento não apenas nos afasta dos nossos sonhos, como nos põe em armadilhas, prejudicando o dia a dia em casa e nos deixando sempre insatisfeitos com o que temos recebido, com ansiedade por ter sempre mais; por vezes, sem poder nem precisar desse "mais", nos envolvemos em dívidas.[2]

Esquecemos de que Deus é o dono de todas as coisas e que somos apenas mordomos dEle. Precisamos lidar bem com o que é dEle e seguir as coisas da maneira que Ele quer,[3] lembrando que tudo pertence a Ele[4] e cada um de nós prestará contas a Deus no final.[5] ∎

DEUS E O DINHEIRO

Precisamos dos conselhos de Deus para prevenir a destruição que a má gestão financeira tem trazido a tantos lares cristãos. Se seguíssemos mais os ensinamentos que a Bíblia nos dá sobre dinheiro, teríamos muito mais tranquilidade e viveríamos bem melhor.

Os princípios de Deus para a área financeira nos libertarão dos enganos do mundo consumista e nos darão uma

[2]Provérbios 21.5.
[3]Gênesis 2.15.
[4]Salmo 24.1.
[5]Romanos 14.12.

MÁ GESTÃO FINANCEIRA

vida próspera, mas não egoísta. Uma vida abundante, mas também doadora.

Em Deuteronômio 11.26-28, a Bíblia nos lembra que podemos ter bênção ou maldição. As bênçãos virão no momento em que cumprirmos os mandamentos do Senhor, e as maldições quando não os cumprirmos. Por isso, dependendo de como está sua vida financeira hoje, você poderá avaliar se tem seguido os mandamentos do Senhor ou fugido deles. Provavelmente sua vida financeira está sendo bênção ou maldição.

A escolha sempre será nossa. Deus nos ensina princípios de administração de bens e recursos, mas nos dá o livre arbítrio para decidir como iremos gerir o que nos foi entregue.

Somos mordomos de Deus,[6] e o mordomo nada mais é do que alguém que administra os bens de outro. Prestaremos conta do que fizermos com o que Ele nos deu: a nossa vida, a família, a casa ou os bens — tudo é do Senhor, e devemos administrar com muito zelo o que Ele nos confiou.

Mesmo que uma parte dos nossos recursos volte para Deus em forma de dízimos e contribuições, o restante que fica conosco continua sendo de Deus, e precisamos ser mordomos fiéis nessa gestão. Deus espera que sejamos fiéis nesse chamado.[7] Por isso, aprender sobre gestão financeira é fundamental para administrar bem os recursos que temos em mãos e proteger a nossa família.

Abaixo segue quadro do perfil de uma pessoa que se compromete a ser um administrador fiel dos recursos que Deus lhe deu e também daquele que termina sendo infiel e gere mal os recursos que Deus lhe entrega. Análise em cada item onde você se encaixa hoje.

[6]Lucas 12.42-46.
[7]Lucas 16.10.

QUADRO MORDOMO FIEL X INFIEL

Mordomo infiel	Mordomo fiel	Versículo base
Não gosta de trabalhar	Gosta de trabalhar	Colossenses 3.17
Preguiçoso	Trabalha focado	Provérbios 10.4,5
"Jeitinho brasileiro"	Incorruptível	Provérbios 16.8
Gasta tudo que tem	Gasta, mas economiza	Provérbios 21.20
Ganancioso	Realizador	Lucas 12.15
Acha que só será feliz com mais	Entende que precisa gerenciar melhor o que tem	Lucas 16.10
Imprudente	Coerente	Provérbios 13.16
Não poupa	Poupa sempre	Provérbios 10.5
Quando doa, doa o que sobra	Doa sempre	Deuteronômio 16.7

A INFLUÊNCIA DOS NOSSOS PAIS

O que não percebemos é que, muitas vezes, a maneira de lidar com o dinheiro tem muita influência em como aprendemos a lidar em casa com os nossos pais; em outras palavras como os nossos pais lidavam com o dinheiro interfere e muito em como tratamos as finanças hoje.

Se de um lado você foi criado em um lar com sérias dificuldades financeiras, orçamento superapertado e até com falta de dinheiro, e seu cônjuge foi criado em um lar onde o pai era gastador e a família tinha um padrão financeiro de sobra, isso também gerará conflito na forma de o casal enxergar a relação com o dinheiro, sendo necessária uma gestão financeira ainda mais eficaz na família.

Precisamos reconhecer esses padrões de comportamento e quanto eles interferem na nossa vida para agir de tal forma a não repetir um padrão recebido na infância e adolescência; como adultos, considerando o melhor para a família, devemos saber trabalhar com os nossos recursos da melhor maneira.

Se você ouvia da sua mãe que dinheiro não traz felicidade, ou que dinheiro não nasce em árvore, naturalmente você tem dificuldades com acumular riqueza, porque essas palavras, repetidas vezes na nossa mente, criaram crenças que hoje nos atrapalham a ter uma relação saudável com as finanças e talvez seja necessário entender isso para poder viver uma fase nova.

OS CINCO PERFIS DE PESSOAS E COMO ELAS LIDAM COM O DINHEIRO

Muito do nosso resultado na área financeira tem a ver com o perfil comportamental de cada um, que pode ser diferente do nosso cônjuge, o que, consequentemente, trará desafios ainda maiores ao dia a dia do casal.

Em seu livro *Casais inteligentes enriquecem juntos*,[8] o especialista em gestão financeira, Gustavo Cerbasi apresenta cinco tipos de perfis financeiros em que a maioria de nós pode se encaixar.

Leia e verifique em qual perfil você se encaixa, e como você pode, a partir desse momento, tratar melhor a questão das finanças na sua casa e proteger a sua família.

Lembre-se de que o perfil poderá favorecer você a ser uma pessoa que busca se planejar e proteger a sua família, ou fazer de você uma pessoa que evite o planejamento e, por isso, põe em risco o seu lar. Vejamos:

POUPADORES: guardar para eles é o mais importante. Restringem ao máximo seus gastos. Nem sempre suas intenções são compreendidas; frequentemente recebem críticas por serem mesquinhos ou avarentos, verdadeiros "Tios Patinhas".

- Pontos fortes: disciplina e capacidade de economizar.

---

[8]CERBASI, Gustavo. *Casais inteligentes enriquecem juntos*. São Paulo: Editora Gente, 2004. p. 15.

- Pontos fracos: conformismo com um padrão de vida simples, restrições a novas experiências.
- Esse é o seu perfil? _____

GASTADORES: para estes, a vida é medida pela largura, não pelo comprimento. Vivem hoje como se o amanhã não fosse existir. Gastam toda a renda, às vezes um pouco mais. Gostam de ostentar, destacam-se pelas roupas caras, não se sentem incomodados em encarar um financiamento se o objetivo é ser feliz. Seu estilo de vida faz sucesso entre os amigos.

- Pontos fortes: hábitos pouco rotineiros, abertura a novas tendências, muitos *hobbies*.
- Pontos fracos: insegurança em relação ao futuro, dependência extrema da estabilidade no emprego, aversão a controles, orçamentos e contas.
- Esse é o seu perfil? _____

DESCONTROLADOS: não sabem quanto dinheiro entra nem percebem quando sai da conta. A cada mês, parece que o dinheiro dura menos. Estão sempre cortando gastos, mas nunca é o suficiente. Usam com frequência o cheque especial ou pagam a conta do cartão de crédito apenas parcialmente, por falta de fundos. Em casa, não há a menor chance de se sentarem e se organizarem, pois têm coisas mais importantes para fazer.

- Pontos fortes: é possível identificar algum?
- Pontos fracos: indisciplina, propensão a conflitos, pagamento desnecessário de juros, desorientação.
- Esse é o seu perfil? _____

DESLIGADOS: gastam menos do que ganham, mas não sabem exatamente quanto poupam do que sobra, quando sobra. Se não têm dinheiro na conta, parcelam a compra. Quando os extratos do banco chegam, vão para a gaveta sem ao menos ser abertos. A fatura do cartão de crédito é uma surpresa todo mês. Sempre acham que ainda é cedo para pensar em aposentadoria.

- Pontos fortes: folgas financeiras, espaço para reduzir gastos, se necessário.
- Pontos fracos: incapacidade de estipular e atingir objetivos, resistência a planos que exijam disciplina.
- Esse é o seu perfil? _____

FINANCISTAS: são rigorosos com o controle de gastos, com o propósito de economizar. Nem sempre o objetivo é poupar; às vezes, pretendem acumular para poder comprar mais pagando menos. Elaboram planilhas, andam com calculadora e lista de compras. Entendem de investimentos, juros e inflação e são procurados por amigos e parentes para orientações.

- Pontos fortes: facilidade de desenvolver planos e pô-los em prática, seleção crítica de investimentos, capacidade de empregar melhor o dinheiro.
- Pontos fracos: em geral são boicotados pela família, que não se conforma com tantas minúcias; se não souberem se fazer entender, tornam-se uns chatos.
- Esse é o seu perfil? _____

Quando o casal tem o mesmo perfil, dificilmente haverá problemas de comunicação relacionados ao dinheiro, pois ambos pensam da mesma forma. Mas precisam avaliar os riscos típicos de cada perfil, para não maximizar seus pontos negativos e destruir financeiramente sua família.

Entender os perfis é importante para que vocês possam conversar em família e trabalhar cada perfil, em busca do consentimento, entendendo as diferenças de cada um, para buscarem um planejamento eficaz no que se refere às finanças.

PLANEJAMENTO E FAMÍLIA COMBINAM?

Existe uma frase que se diz com frequência no mercado corporativo: "Quem não planeja o sucesso planeja o fracasso". Trata-se de uma verdade que pode ser aplicada em todas as áreas da nossa vida, inclusive na área financeira, tanto pessoal, quanto familiar.

Se não planejarmos a vida financeira, fatalmente teremos problemas e fracassaremos lá na frente. Talvez nada gere mais perigo às nossas famílias do que os problemas recorrentes da falta de planejamento financeiro.

As pessoas gastam o que não podem, querem sempre um carro melhor, uma casa maior, mas nem sempre avaliam tais custos a longo prazo, e, mesmo ganhando um salário maior, depois de alguns anos se veem envolvidas em dívidas e grandes desafios na área financeira, causando sérios problemas dentro de casa.

O consumismo desenfreado muitas vezes nos leva a todo tipo de ganância e vivemos com um foco muitas vezes equivocado de só querer acumular bens.[9] Não conseguimos ficar satisfeitos com o que temos, e saímos em uma busca desenfreada por mais.

Poucas pessoas se organizam para o futuro e o que vemos é que lá na frente elas terão que passar por coisas como: venda de bens para pagar a faculdade dos filhos, ou até mesmo um tratamento de saúde.

A questão é que muitas vezes deixamos de lado a vida pessoal e nos envolvemos com coisas que às vezes são mais importantes para os outros (o trabalho, a igreja, os amigos), mas não o mais importante para nós.

Pense em coisas importantes como a alimentação, a saúde ou mesmo a prática de exercícios físicos. São coisas que, mesmo sendo muito importantes, e todos sabemos disso, deixamos de lado no dia a dia.

[9]Lucas 12.15.

MÁ GESTÃO FINANCEIRA

Assim também fazemos com o planejamento financeiro; e, como em todas as outras áreas ignoradas, lá na frente pagaremos o preço dessa decisão.

Segundo Gustavo Cerbasi: "As dificuldades financeiras são escolhas pessoais: vocês decidem tê-las quando ignoram a importância do planejamento financeiro".[10]

O que temos visto é que os problemas financeiros das famílias decorrem de decisões ou escolhas ruins, e essas podem ser evitadas se criamos o hábito de nos planejarmos antecipadamente.

Se não tivermos claramente objetivos de vida bem definidos, cairemos facilmente na tentação de adquirir uma oferta de consumo, que a todo momento nos é oferecida: uma roupa de grife, um celular novo, trocar de carro ou um eletrodoméstico. Afastando-nos, assim, cada vez mais de realizar o que seria o nosso sonho verdadeiro.

Quando fazemos um planejamento financeiro, o grande benefício virá no futuro,[11] quando a família poderá usufruir de tranquilidade na época de aposentadoria dos pais, quando poderá garantir a faculdade dos filhos ou mesmo uma moradia no padrão desejado.

Portanto, é chegada a hora de papel e caneta na mão e de começar a planejar sonhos, projetos e objetivos financeiros na vida familiar através de um planejamento financeiro: saber o que ganha, quanto gasta... E organizar tudo isso no papel é fundamental para dar os primeiros passos.

CRIANDO O MEU ORÇAMENTO

Sim, algo fundamental para uma boa gestão financeira é ter o hábito de anotar tudo. Os mínimos gastos como um estacionamento do *shopping*, ou um cafezinho, por mais que pareçam coisas simples, no final do mês, quando somados, poderão fazer diferença no orçamento.

A palavra do dia para a boa gestão na nossa família é termos um orçamento familiar. Ele pode ser feito em um papel, em uma

---

[10]CERBASI, Gustavo. *Casais inteligentes enriquecem juntos*, p. 34.
[11]Eclesiastes 11.6.

planilha eletrônica ou mesmo em vários aplicativos que estão disponíveis hoje em dia.[12]

Você ficará mais tranquilo quando começar a ter o hábito de visualizar para onde o dinheiro está indo e, com isso, identificar se está gastando, investindo e desfrutando corretamente do dinheiro que ganha.

Além disso, um orçamento familiar pode ser compartilhado com todos da casa, evitando que haja gastos desnecessários ou frustrações. É aí quando os filhos entendem por que determinado gasto pode ou não ser feito em um determinado momento.

Quando você tiver um orçamento, isso o ajudará a comprar aquilo de que realmente precisa e com isso se mostrar sensato;[13] além disso, você poderá organizar melhor os gastos futuros. E, claro, poderá sobrar dinheiro, pois o primeiro passo para poupar é fazer sobrar dinheiro. E nunca sobra dinheiro quando temos pequenos gastos 'invisíveis" que fogem do orçamento.

Controlar esses gastos exigirá de você disciplina, mas, com o passar do tempo, fará parte da rotina e será mais fácil queimar as "gordurinhas" que estão prejudicando a sua vida financeira.

Para cada categoria de gastos (moradia, alimentação, vestuário, lazer, etc.), você deverá impor um limite e usar sempre um percentual para seus investimentos, mesmo que seja pouco inicialmente, esse hábito será de grande ajuda na sua vida.

Não se esqueça de deixar espaço reservado para doações e para o dízimo, algo necessário que demonstre sua fidelidade, obediência e gentileza aos mandamentos.[14]

ENCARE AS DÍVIDAS DE FRENTE

O ditado "Devo, não nego, pago quando puder", não o ajudará em nada. Dívida não é como o vinho que, quanto mais velho,

---

[12][NE] Veja: Money Wise; Finanças pessoais; minhas economias. Os dois primeiros só para Android e o último para Android e IOS.
[13]Provérbios 21.20.
[14]2Coríntios 9.7.

MÁ GESTÃO FINANCEIRA

melhor. As dívidas com o tempo ficam maiores, pois se acumulam aos juros; portanto, serão pagas com mais dificuldade.

Esquivar-se de pagar as dívidas não fará com que elas sumam como um passe de mágica; enfrentá-las ainda é o melhor caminho. A Palavra de Deus nos diz em Romanos 13.8: *Não devam nada a ninguém, a não ser o amor de uns pelos outros...*

Se você tem dívidas, precisará fazer um levantamento de quanto deve, sacar dinheiro de alguma aplicação ou poupança, ou até mesmo vender um bem que possa ajudá-lo a quitar essa dívida. A possibilidade de pedir um empréstimo com uma taxa menor de juros para quitar uma dívida (que cobre uma taxa de juros maior) também é importante em momentos como esses.

O que não podemos fazer é aumentar as nossas dívidas, tomando dinheiro emprestado e gastando mais do que recebemos,[15] porque, nesse caso, nunca sairemos de uma crise financeira.

Cuidado para não fazer dívida por desonestidade; se você prometeu pagar, é obrigado a cumprir a sua promessa. Aquele que promete e não paga está pecando. Como cristãos, se prometemos sabendo que não teremos condições de cumprir, nos tornamos mentirosos.[16] As dívidas normalmente arrastam o cristão para o mau testemunho.

Deus também quer nos livrar das dívidas por amor. Ele sabe que as dívidas nos tiram a paz e destroem famílias. Portanto é ordem de Deus que vivamos sem dívidas e que tenhamos bom nome e bom testemunho.

UMA FAMÍLIA, UMA CONTA

Certa vez, ouvi um marido falar que precisava de sua individualidade; por isso, não queria ter uma conta conjunta com a esposa. O que é de fato bem estranho, pois, quando casamos, passamos

[15]Provérbios 22.26,27.
[16]Mateus 5.37.

a ser apenas um[17]; portanto, não temos mais aquilo que é meu ou seu, e sim o que é nosso.

Muitos dos problemas que ocorrem nas famílias têm a ver com o fato de não termos unidade na área financeira. Cada um gasta o que quer, do jeito que quer e não dá nem satisfação ao outro.

Quando menos esperamos, um dos dois estará pendurado em dívidas e será tarde quando pedir socorro, causando graves problemas para a saúde financeira da família.

No casamento não existe "o meu dinheiro" ou o "seu dinheiro", mas o "nosso dinheiro", ou as "minhas dívidas e as "suas dívidas", e sim as "nossas dívidas". Administraremos juntos os nossos recursos como equipe, usando o melhor da nossa sabedoria sem ocultar nada.[18]

Um problema que pode acontecer é quando a esposa compra um vestido novo e o marido pergunta se é novo. Ela diz: "Não, amor, comprei faz tempo, é que nunca mais tinha usado". Ou quando o marido se envolve em dívidas, para custear as contas da casa, e vive estressado, mas não tem coragem de compartilhar com a esposa o motivo de sua ira.

Alguns cônjuges julgam a infidelidade financeira tão prejudicial no relacionamento como a infidelidade sexual. Por isso, não esconda nada.

A riqueza da sua família não depende do que vocês ganham, mas sim de como gastam. Muita gente se enche de dívida, compra o carro à prestação, ou vai a uma loja e parcela em seis vezes algo que não queria, só porque a parcela é pequena e em várias vezes; com isso, as dívidas vão se acumulando.

Como muitos casais não conversam e não vivem em unidade na gestão financeira, cada um gasta para um lado, e a família cada vez mais vai cavando o buraco financeiro.

Além disso, temos aquelas pessoas que querem viver o padrão de vida do vizinho, ou o do que eles veem nas redes sociais, ou o

---

[17]Gênesis 2.24.
[18]Lucas 8.17.

dos artistas da moda, mas se esquecem de que aquele luxo hoje, se não cabe no orçamento, poderá gerar um prejuízo grande amanhã, além de muitos aborrecimentos.

As facilidades de compra desta geração, na qual quem tem cartão de crédito "tem poder", podem levar muitos a comprar o que não precisam. Algumas pessoas até usam esse "poder" para comprar coisas que não tiveram em sua infância, trazendo para os dias atuais suas frustrações passadas.

Quantas pessoas você já ouviu falar: "Eu não pude na minha infância, mas agora vou poder dar isso ao meu filho"? E com esse discurso termina vivendo em um mundo que não condiz com o que seu rendimento permite.

Quando realizamos todos os desejos das crianças instantaneamente, sem mostrar-lhes o valor do esforço e do dinheiro, decretamos seu fracasso na vida adulta, pois crescerão pensando que tudo é fácil.

O melhor remédio é sempre a unidade, principalmente quando falamos de casal. Portanto, se você é casado, precisa ter uma conta conjunta, organizar as finanças de maneira única, de modo que as despesas e as receitas facilitem o dia a dia da família.

É sempre melhor que um dos cônjuges, aquele com mais habilidade em controles e planilhas, fique responsável por essa gestão, mas as decisões de como serão gastos os valores devem ser feitas em conjunto, melhorando assim a harmonia do casal.

Quando um dos dois ganha bem mais do que o outro há a tendência de esse membro da família ficar com o controle do dinheiro e as decisões sobre o que fazer. Esse tipo de atitude abre brechas para desconfianças ou falta de transparência e afasta cada vez mais o casal do propósito de ser um.

PRINCÍPIOS QUE PROTEGEM FAMÍLIAS

Os princípios são as normas ou os padrões de conduta que regem uma pessoa ou um grupo de pessoas. Dizem respeito à essência de algo e para mim, em especial, norteia a própria

> vida. A minha vida se baseia totalmente em princípios, e sempre digo aos meus filhos que podemos fazer qualquer coisa na vida, menos ir contra os nossos princípios. Deus é um Deus de princípios; a Bíblia está repleta de princípios e é dela que extraímos o guia para proteger a nossa família. Veja abaixo alguns princípios que podem ser fundamentais para ajudar você a elencar as prioridades certas para a sua família.

Princípio 1: Da organização vem a realização

Para ter tranquilidade financeira, eu não tenho que ser rico ou pobre, o que eu necessito é ser organizado. A Palavra de Deus nos lembra em Provérbios 21.5: *Os planos bem elaborados nos levam à fartura; mas o apressado sempre acaba na miséria.* Por isso, devemos aplicar no dia a dia o princípio da organização, em primeiro lugar, para controlar as finanças e proteger a nossa família.

Se tivéssemos que resumir a ciência da boa gestão financeira, poderíamos dizer que o grande segredo é gastar menos do que você ganha. A grande questão é quando se quer viver conforme um padrão de vida mais alto do que o que podemos ter, quer por imitar os outros quer por viver em uma ilusão.

Em Provérbios 21.17 a Bíblia nos lembra que quem se entrega aos prazeres passará necessidade; portanto, em muitas situações, por causa de prazeres temporários, prejudicamos o que poderia ser um futuro mais seguro. Isso precisa mudar.

Quando você se organiza, sabe quanto ganha, estima quanto vai gastar e não se entrega a entretenimentos que não sejam prioridades, pois sabe até onde pode ir.

Se você perguntar às pessoas, a maioria delas dirá que deseja ter uma reserva financeira para a aposentadoria, que deseja ter tranquilidade e uma vida próspera e abundante. A questão é que, se você pergunta se essa pessoa já parou um dia para sentar e calcular que decisões precisa tomar para alcançar esse objetivo, verá que muitos querem o resultado, mas não querem pagar o preço necessário.

Jesus nos ensina em Lucas 14.28-30 que é insensato aquele que quer construir uma torre sem primeiro calcular o preço de seu projeto, para ver se tem dinheiro suficiente; caso contrário, correrá o risco de começar o alicerce e não ser capaz de terminar seu projeto.

Você está começando o alicerce da base que sustentará a sua família e precisa se organizar; para isso, ter um planejamento financeiro é fundamental.

Princípio 2: Reconheça o que é ser mordomo de Deus

Assim, se vocês não forem dignos de confiança em lidar com as riquezas deste mundo ímpio, quem lhes confiará as verdadeiras riquezas? (Lc 16.11).

Esse princípio nos lembra que a maneira de lidar com o dinheiro nos dirá muito sobre como lidamos com Deus. Devemos lembrar que o dinheiro é um meio, não um fim em si mesmo.

Encontramos mais de 2.350 versículos na Bíblia sobre lidar com os recursos financeiros e as propriedades. Na verdade, Jesus falou mais sobre dinheiro do que qualquer outro assunto. Ele nos lembra que devemos servir apenas a um senhor, ou escolhemos servir ao dinheiro ou a Deus[19] e, se não aprendermos isso, ficaremos divididos entre os prazeres da terra e os propósitos de Deus.

Isso não quer dizer que ter dinheiro seja pecado. A Palavra de Deus nos garante que Jesus deseja o nosso bem-estar em todas as áreas.[20] A questão é apenas saber onde está o nosso coração,[21] pois, se o nosso coração estiver no local certo, entenderemos o princípio de que somos apenas mordomos de Deus neste mundo,

[19]Mateus 6.24.
[20]João 10.10.
[21]Mateus 6.21.

e assim nos protegeremos contra as armadilhas que o dinheiro nos oferece, além de evitar cair em tentações.

Nesse sentido, precisamos seguir alguns passos:

- Não gastar sem sabedoria (Is 55.2).
- Devemos honrar os nossos compromissos (Rm 13.8).
- Economizar (Pv 21.20).
- Ter cuidado com empréstimos (Pv 22.7).
- Reconhecer que tudo é de Deus, e devolver o dízimo (Ml 3.10-11).

Princípio 3: A satisfação acalma o coração

De fato, a piedade com contentamento é grande fonte de lucro, pois nada trouxemos para este mundo e dele nada podemos levar; por isso, tendo o que comer e com que vestir-nos, estejamos com isso satisfeitos (1Tm 6.6-8).

Outro princípio necessário para uma boa gestão financeira, ensinado na carta de Paulo a Timóteo, tem a ver com o conceito de satisfação. Em um mundo altamente consumista, o que mais nos desafia a uma má gestão financeira e nos afasta do planejamento é a necessidade de sempre ter mais, de forma desenfreada e sem propósito.

A mídia a todo momento nos oferece novas oportunidades de consumo, e, se não estivermos satisfeitos em Cristo, terminaremos buscando satisfação em outras coisas, que não irão resolver o nosso problema.

Em busca da riqueza, por vezes caímos em tentação e em ciladas, que podem nos levar à ruína. A chave está no equilíbrio, pois, se não temos claros os limites entre ser próspero e ambicionar a prosperidade, podemos cair no engano do amor ao dinheiro, que é a raiz de todos os males.[22]

[22] 1Timóteo 6.9,10.

MÁ GESTÃO FINANCEIRA

103

A escravidão financeira tem início em uma atitude de irresponsabilidade em busca do prazer carnal. Em Hebreus 13.5, temos outro alerta: *Conservem-se livres do amor ao dinheiro e contentem-se com o que vocês têm, porque Deus mesmo disse: "Nunca o deixarei, nunca o abandonarei"*. Se entendemos que Deus está conosco, de que ele nos suporta, não temos motivo para andar ansiosos por coisa alguma, nem desesperados em acumular bens materiais neste mundo.

Lembre-se que Paulo estava contente tanto na necessidade quanto na fartura.[23] A Bíblia alerta sobre a ganância e a avareza; por isso, precisamos atentar se uma possível falta de satisfação com o que temos se deve a uma acomodação ou a um desejo desenfreado de consumo.

---

[23]Filipenses 4.10-13.

ARMADILHA 5

Quem não se comunica se complica

A língua tem poder sobre a vida e sobre a morte.
PROVÉRBIOS 18.21

"Paz e harmonia: eis a verdadeira
riqueza de uma família."
BENJAMIM FRANKLIN

Imagine um barco navegando em alto-mar, cujos tripulantes são pai, mãe e filhos. Eles saíram em uma viagem de férias para dar a tão sonhada volta ao mundo.

A tragédia se desenha quando no meio desse barco aparece um furo embaixo, e começa a entrar água. Então, a mãe em vez de ajudar a tirar a água, começa a reclamar do pai, que nunca faz nada.

E a mãe grita: "Antes de sair, por que você não revisou o barco? Por que não fez a manutenção? Você não serve para nada!".

O pai revida: "Como eu posso fazer alguma coisa se você reclama de tudo que eu faço?".

Quando eles menos esperam olham para um dos filhos que está com um copo, tentando tirar a água que já inunda o barco, para salvar a família.

Pode parecer cômico, mas em muitas famílias esta é a realidade que tem acontecido mais do que imaginamos. Muita gente briga e aponta para o outro em vez de se ajudar e proteger o lar.

Muitas vezes, a casa é apenas um ajuntamento de pessoas, que, embora juntas na mesma cena, não estão unidas em um mesmo propósito. A falta de entendimento tem cegado as pessoas, que muitas vezes usam "fogo amigo" e destroem o que elas mais amam.

Para nos entender bem, precisamos nos comunicar com eficácia, expressar o que queremos, favorecer o diálogo, ser agradáveis e confiar uns nos outros.

Nenhum grupo consegue prosperar sem que haja uma comunicação efetiva. Deus nos fez seres sociais com capacidade de nos comunicarmos, porque Ele já sabia quanto isso seria vital para o nosso bom relacionamento.

A comunicação é o oxigênio de qualquer relação; a palavra pode nos ajudar ou nos derrotar porque tem o poder de vida ou morte, e isso é tão importante que, se há uma área da vida em que você precisa ser especialista e que fará melhorar seu casamento, seu relacionamento com os filhos, com os amigos e com o trabalho, é a área da comunicação. Quem se comunica bem é muito mais feliz e tem muito menos problemas.

O bom entendimento pode salvar uma família, pode aproximar, proteger e fazer com que vocês vivam dias muito felizes. Por outro lado, a falta de entendimento em casa, ou a falta de diálogo, de respeito ou de regras, sem dúvida alguma, pode tornar a sua casa um desastre.

POR QUE ELES NÃO CONVERSAM?

Em muitos lares, o que vemos é algo mais parecido com um hotel: as pessoas entram, saem, comem, às vezes até se encontram, mas não têm real intimidade, não conhecem as frustrações, os anseios, desejos e sonhos uns dos outros.

O filho está lá no quarto, conectado à internet, e não sabemos com quem fala, nem do que fala, nem sequer qual está assistindo a filmes em seu serviço de *streaming* de vídeo favorito. Com isso, ficam expostos a pedofilia, pornografia e tantas outras coisas.

Com que idade média uma criança é exposta à pornografia hoje em dia? Infelizmente já dos 9 a 11 anos. Cinquenta e três por cento dos meninos entre 12 e 15 anos veem pornografia na internet, e 28% das meninas. Claro que a tecnologia, se bem usada, pode ajudar muito as famílias. Sem o uso correto, entretanto, pode ser um perigo e vamos falar disso mais a fundo no próximo capítulo sobre os perigos da tecnologia.

Os jogos em família podem ser mais uma forma de interação e uma forma de aproximar os filhos dos pais, gerando uma nova forma de se entender e de se comunicar, através da diversão em grupo.

Muitas famílias não conversam porque os pais só querem conversar dos assuntos que interessam a eles, querem falar sobre a nota do colégio, conferir com quem o filho saiu e bisbilhotar sobre o que eles estavam falando.

Poucas vezes nos preocupamos em falar de assuntos que são do interesse dos nossos filhos ou cônjuge; por esse motivo, criamos mais uma barreira na comunicação. Jesus tinha um princípio muito interessante sobre a comunicação: *Aquele que tem ouvidos para ouvir, ouça* (Mt 13.9), mas poucos paramos para ouvir.

Vivemos em uma geração em adrenalina que está a um clique de qualquer tipo de informação. Para nos conectarmos com eles, precisamos entender do que eles gostam e conversar sobre assuntos afins.

Nosso filho do meio, Dado, de 13 anos, é fissurado em TV e adora assistir a tudo. Em casa, limitamos o horário que ele pode ter acesso à TV como forma de educá-lo quanto a limites. Mas, como sei que esse é um *hobby* dele, sempre assisto a uma série com ele, dessa forma, durante um longo período, conversamos sobre o que está acontecendo naquela série, sobre as coisas que achamos "massa", as que não gostamos e o que esperamos dos próximos capítulos.

Diferentemente das outras programações dele ou das minhas, na TV, essa é uma das que fazemos sempre juntos, e isso faz com que ele saiba que tem um tempo comigo.

Muitas vezes não estou com vontade, mas eu o vejo todo animado e empolgado: "Pai, vamos comigo, precisamos assistir à NOSSA série". O alerta liga, e eu me lembro, mesmo cansado, de que esse tempo é nosso. Já tenho assunto para conversar com ele nos próximos dias. Claro que essa é apenas uma das coisas que podem ser feitas. Com Dyllan, por exemplo, o mais novo, tenho que ter um tempo com ele para jogar futebol, isso é o que ele mais gosta e é durante essa atividade que ele se comunica e se abre para conversar.

Com Emily, de 20 anos, as conversas já são sobre os projetos de arquitetura, coisas que pesquiso e trago em revistas ou jornais para ela e chego para contar sobre a profissão que ela quer seguir.

Para cada filho, é preciso ter uma abordagem, porque cada um tem uma forma de se comunicar; para isso, crio um ambiente que facilite a comunicação no nosso lar.

OS CONFLITOS FAZEM PARTE

Você já deve ter ouvido alguém dizer: "Não foi o que você falou, mas a forma como você falou". Basta um tom errado para levar um casamento à ruína. Basta uma palavra dita por equívoco para marcar uma criança para sempre.

A Bíblia diz: *Agir sem pensar não é bom; quem se apressa erra o caminho* (Pv 19.2, NTLH). Em geral, é a pressa que cria obstáculos que nos afastam do caminho do êxito na nossa comunicação.

Muito disso ocorre porque reagimos ao conflito de maneira destrutiva. Por si só, os conflitos não são ruins. É a nossa resposta a esses conflitos que pode construir ou destruir uma família. Às vezes, agimos como se tudo estivesse por um fio, explodindo a cada oportunidade. Chegamos a jogar os problemas do trabalho em cima de um filho que desobedece, ou até mesmo a gritar com a mulher porque estamos endividados.

Por outro lado, em certas situações passamos a "mão por cima" porque estamos tão atribulados com os problemas que, para evitar o conflito, terminamos fazendo a chamada *vista grossa*. Para evitar brigas, deixamos o filho fazer o que ele quer.

Não é raro escutar hoje em dia: "Não interfira no desenvolvimento da criança para não inibir seu crescimento". No entanto, já sabemos que poderá passar se deixamos a criança fazer tudo o que ela quer.

Lembro de uma situação em que a Márcia queria "aliviar" para a Emilly, quando ela nos pediu para ir à casa de uma amiga em vez de ficar com os irmãos menores, enquanto eu e Márcia precisávamos sair. Márcia alegou que precisava ser amiga da Emilly e que, se a confrontasse, desgastaria a relação.

Eu lembrei a Márcia de que a Emilly precisava aprender em casa que a vida em comunidade tem concessões, mas, na maioria das vezes, precisamos ceder para apoiar outros que precisam de nós.

E salientei que naquele momento ela precisaria ser mãe, não amiga, da Emilly. Mesmo tendo que impor algo à filha que ela não gostaria, seria necessário para ensinar-lhe que servir faz parte da vida.

Uma coisa que eu e a Márcia aprendemos nesse episódio é que amigas a nossa filha pode ter muitas, mas mãe ela só terá uma. Márcia precisou deixar isso claro.

Os filhos podem até não gostar de certas atitudes nossas, mas, se deixarmos claras as regras, se explicarmos bem as consequências, eles irão nos respeitar, e isso é mais importante do que gostar ou não.

Na maioria das vezes, não entrar em conflito é mais prejudicial do que o enfrentamento; brigas fazem parte de qualquer relacionamento e muitas vezes você precisa enquadrar os filhos, o marido, a esposa e até dar uma dura no cunhado, tudo com amor, claro. Quando começamos da forma certa, o resultado sempre é melhor. Porque a maneira de conduzir o conflito pode levá-lo a algo educativo e benéfico para a sua família ou destruidor para a harmonia do lar.

Portanto, ao começar uma conversa, faça isso sem tom de acusação ou crítica e você verá como o conflito terá outro sentido. Evite acusações e frases que começam com "Você sempre" ou "Você nunca"; além de demonstrar amor, porque o amor constrange e fará vocês saírem muito mais fortes de qualquer situação conflituosa.

A BARREIRA DA CRÍTICA
PARA O BOM ENTENDIMENTO

Conta-se uma história que um homem falou tanto que seu vizinho era ladrão, que o vizinho acabou sendo preso. Algum tempo depois, ao descobrir-se que o rapaz era inocente, ele foi solto, e, após muita humilhação, resolveu processar o vizinho caluniador.

No tribunal, o caluniador disse ao juiz:

— Comentários não causam tanto mal...

Ao que o juiz respondeu:

— Escreva os comentários que você fez sobre ele num papel, depois pique o papel em pedaços bem pequenos e jogue os pedaços pelo caminho. E amanhã volte para ouvir a sentença!

O homem obedeceu e voltou no dia seguinte, quando o juiz disse:

— Antes da sentença, terá que catar os pedaços de papel que espalhou ontem!

— Não posso fazer isso, meritíssimo! — respondeu o homem — O vento deve tê-los espalhados por tudo quanto é lugar e já não sei onde estão!

Ao que o juiz respondeu:

— Da mesma maneira, um simples comentário, que pode destruir a honra de um homem, espalha-se a ponto de não poder consertar o mal causado; se não se pode falar bem de uma pessoa, é melhor que não se diga nada!

Precisamos ser senhores da nossa língua, para não sermos escravos das nossas palavras. Lemos em Tiago 4.11,12:

> *Irmãos, não falem mal uns dos outros. Quem fala contra o seu irmão ou julga o seu irmão, fala contra a Lei e a julga. Quando você julga a Lei, não a está cumprindo, mas está se colocando como juiz. Há apenas um Legislador e Juiz, aquele que pode salvar e destruir. Mas quem é você para julgar o seu próximo?*

Imagina quanto temos julgado e criticado as pessoas da nossa casa? Imagina quanto temos afastado as pessoas da nossa família de nós mesmos porque mais apontamos do que motivamos?

Eu e você precisamos ser propagadores das boas-novas de Cristo na nossa casa e não acusadores das falhas de quem mais amamos. Não vamos fazer vista grossa aos erros, claro, mas também não precisamos ser apenas uma metralhadora de coisas ruins, pois isso só afetará o bom entendimento do nosso lar.

Se o seu filho, ao chegar à casa, só escuta reclamações de que deixou tudo desarrumado, de que é desorganizado, ou de sua forma de comer ou se joga muito *videogame*, naturalmente ele achará horrível o fato de ficar em casa e vai preferir passar tempo fora de casa.

A mesma coisa acontece com cada pessoa da família que vive sob o mesmo teto que você. Ninguém é feliz convivendo com outro que só aponta o que temos de pior. Eu e você temos falhas, mas insistir apenas nelas não ajuda em quase nada e só afastará as pessoas que amamos.

A ARTE DA PACIÊNCIA EM NOVE PASSOS

Algumas pessoas perdem a paciência todo dia ou quase toda hora. Em geral, vivem à flor da pele e explodem por qualquer motivo.

Já outros não são tão assim, mas sofrem no dia a dia com esse risco que ronda as nossas casas.

Em nosso livro *6 segredos para comunicação*, trazemos uma abordagem importante sobre a arte da paciência, que, sem dúvida nenhuma, deve ser utilizada em qualquer família. Talvez um minuto de paciência possa economizar muitos dias de sofrimento na vida de todos nós.

Nessa abordagem, apresentamos a paciência como uma ação que precisa ser desenvolvida. No livro, lembramos que ser paciente significa aceitar que o outro é imperfeito, como eu e você também somos.

Normalmente, queremos exigir que o outro seja tão bom, tão pontual e tão organizado como sonhamos, e essa exigência cria conflitos que despertam a nossa ira quando o outro não atende à nossa expectativa.

Mas saiba: as pessoas ao seu redor não são máquinas programadas para atender à sua expectativa, para viver conforme os seus planos. Principalmente as pessoas da sua família, que são aquelas com as quais mais perdermos a paciência, e em geral as que mais prejudicamos, pois, um pouco de impaciência hoje pode representar uma grande perda amanhã para toda a família.

A Bíblia nos lembra de que a resposta calma desvia a fúria, mas a palavra ríspida desperta a ira, e muitas vezes deixamos que essa palavra ríspida desperte o que há de pior não apenas em nós, mas também nas pessoas que fazem parte do nosso lar.

Por causa disso, sugerimos nove passos importantes para serem praticados no seu dia a dia, que lhe darão mais paciência e melhorarão as dinâmicas em casa:

- Na hora da tensão, respire.
- Quer explodir? Traga à mente o que lhe faz bem.
- Não responda com agressividade, em hipótese alguma.
- Descubra a causa do problema e o que o levou a irar-se.
- Separe as coisas e principalmente as pessoas.
- Administre a situação; seja sábio.

- Tenha empatia pondo-se no lugar do outro.
- Depois de controlar os ânimos, converse abertamente.
- Entregue o controle de tudo a Deus.

ACERTADO NÃO SAI CARO

O apóstolo Paulo aconselha: *Não digam palavras que fazem mal aos outros, mas usem apenas palavras boas, que ajudam os outros a crescer na fé e a conseguir o que necessitam...* (Ef 4.29, NTLH).

Precisamos atentar para as palavras e ações que temos com os nossos familiares e pessoas próximas. Lembre-se sempre de que toda forma de comunicação, por meio de palavras, ações ou mesmo em casos de omissão, leva um recado às nossas crianças, conforme retratado por Paulo no texto mencionado. Essa comunicação, portanto, deve ser de forma que possa ajudar os outros a crescer na fé e atender à necessidade que têm.

O cuidado emocional não se reduz às palavras, mas se veste de ações igualmente. Portanto, tempo junto, abraço e até disciplina são formas de demonstrar amor. Deus disciplina aqueles a quem ama; portanto, não podemos fugir do papel de pais e deixar o "Zeca Pagodinho" definir o futuro da nossa família, com sua célebre frase: "Deixa a vida me levar". Necessitamos ter o controle e definir as regras no nosso lar. Isso é uma forma de amar.

A disciplina firme, porém, amorosa, ajuda o filho a desenvolver uma vida feliz e produtiva. Temos que proteger, mas também direcionar; cuidar, mas também disciplinar; amar, mas também ensinar o caminho.

Jesus nos ensina muito sobre o cuidado, quando menciona, em Mateus 23.37: [...] *Quantas vezes eu quis reunir os seus filhos, como a galinha reúne os seus pintinhos debaixo das suas asas...* É muito lindo ver a forma com que Jesus queria nos proteger, pondo-nos debaixo de suas asas.

Essa metáfora nos ajuda a ver como as aves voam incessantemente para buscar alimentos para seus filhotes. Mesmo muito cansadas e com fome, elas colocam primeiro o alimento no biquinho dos filhotes, que já engolem e pedem mais, e continuam até que eles estejam bem alimentados. Além disso, protegem-nos e dão a vida por eles, colocando o ninho no lugar mais alto, para fugir dos predadores, e usando suas asas para proteger as crias do frio no inverno.

Assim também somos com os nossos filhos, embora as nossas funções não se limitem a amar e proteger, como também incluem educar, ensinar e disciplinar os filhos.

Um filho que não aprende a obedecer aos pais dificilmente se sujeitará a qualquer autoridade quando adulto. Quando criança, vai enfrentar as professoras; na adolescência, as leis; ou se renderá à bebida, às drogas, ou não respeitará os patrões, nem muitas vezes a polícia, nem qualquer pessoa que tente exercer autoridade sobre ele.

Por isso, você precisa conversar abertamente, deixando claro quais são as regras em casa, e que para cada atitude existe uma consequência. O princípio bíblico de Gálatas 6.7 tem que ser claro, e todos precisam entender que só colherão o que eles mesmos estão plantando.

Quando não estipulamos regras, ou não deixamos claro o que esperamos de cada membro da família, corremos um risco maior de conflitos que nos afastarão de uma família saudável.

■ *Toque da Márcia*

No quarto dos meninos em casa, temos um mural de regras/princípios do dia a dia. Usando o princípio *Gestão à vista, deixamos bem claro quais comportamentos devem ser privilegiados e que têm muito valor em nossa casa, além de dar muitos frutos bons que poderão colher no futuro.

Essas escolhas viram um manual de boas práticas, que darão mais harmonia tanto para o convívio das crianças quanto para a relação deles com os colegas e com o restante da família.

Aqueles antigos mas necessários "Bom dia", "Boa tarde" e "Boa noite", além de "Com licença" e "Muito obrigado" são lembrados, bem como a necessidade de agradecer a Deus cada dia e orar pelos necessitados. Lá também está explicita a regra de tomar banho, algo que nessa idade começam a se esquecer, sem deixar passar também o tempo de devocional e das tarefas de casa.

Com esse quadro, fica mais fácil cobrar dos filhos suas obrigações, pois além de terem sido estabelecidas em comum acordo, também estão explícitas no quadro para que não haja risco do velho "esqueci, mamãe ou papai". ■

·········· DESCOMPLICANDO ··········
*Gestão à vista

É uma ferramenta de administração muito utilizada nas empresas. A ideia é deixar na vista dos funcionários todas as informações necessárias para que executem bem suas funções. Normalmente é colocado um quadro em local de boa visibilidade com metas, resultados e padrões de comportamento que a empresa espera da equipe. No fundo, o princípio é parecido com o de um painel de avião, com todos os comandos e dados à vista.

A REGRA DE 3

Uma forma exemplar de melhorar a comunicação na sua família pode ser resumida ao que chamamos dos 3 "C" do amor na família.

O primeiro "C", nos lembra de algo que é fundamental em relação a como comunicamos regras, princípios e valores aos nossos filhos, que é termos **constância**. Constante é algo que sempre acontece e não fica variando. Trata-se de algo básico para uma comunicação efetiva no lar. Não podemos viver em uma gangorra: um dia reclamamos de uma atitude errada, e no outro não prestamos a mínima atenção; essa falta de constância dificulta que a criança entenda o que realmente é errado e como ela deve proceder em relação a determinadas coisas da vida.

Muitos pais erram ao ceder, abrir mão, fingir que não estão vendo, e um dia, de repente, explodem. A criança, ou o adolescente, não entende por que pôde fazer aquilo antes e não pode agora. Para construirmos um bom entendimento, precisamos ser constantes na nossa postura.

Outro "C" importantíssimo é o da **coerência**. Algo fundamental principalmente quando precisamos corrigi-los.

Se eu sou coerente na minha forma de reclamar, se não uso palavras chulas, se não grito, não "desço do salto", isso significa que vou transmitir muito mais segurança à minha família, melhorando a forma com que nos entendemos.

Outra forma de ser coerente é também quando sou justo. Não posso reclamar de um filho e fazer vista grossa para o mesmo comportamento do outro. Se fizer isso, não estarei sendo coerente.

O terceiro "C" é a **consequência**. A consequência é muito melhor do que o castigo, pois este demonstra apenas penitência, algo que, na maioria das vezes, não leva a nada. Quando eu construo a ideia de consequência, trabalho na criança o princípio de causa e efeito, e vou mostrando que a cada coisa que ela escolher fazer, poderá ter uma consequência positiva ou negativa e que sempre a escolha será dela. Reforço com isso o princípio de Gálatas 6,7, deixando claro que ela poderá sempre mudar o que está plantando, mas nunca reclamar do que colheu.

PRINCÍPIOS QUE PROTEGEM FAMÍLIAS

Os princípios são as normas ou os padrões de conduta que regem uma pessoa ou um grupo de pessoas. Dizem respeito à essência de algo e para mim, em especial, norteiam a própria vida. A minha vida se baseia totalmente em princípios, e sempre digo aos meus filhos que podemos fazer qualquer coisa na vida, menos ir contra os nossos princípios. Deus é um Deus de princípios; a Bíblia está repleta de princípios e é dela que extraímos o guia para proteger a nossa família. Veja abaixo alguns princípios que podem ser fundamentais para ajudar você a elencar as prioridades certas para a sua família.

Princípio 1: Desistir nunca, render-se jamais

Ensine-as com persistência a seus filhos. Converse sobre elas quando estiver sentado em casa, quando estiver andando pelo caminho, quando se deitar e quando se levantar (Dt 6.7).

Eu acredito que as frases "A minha vida é corrida", "Eu não tenho tempo para nada", ou "Os adolescentes só querem saber dos amigos deles", ou "Eu falo e eles nem escutam", podem fazer parte da sua vida e até serem reais no seu cotidiano, mas nenhuma delas justifica que você desista ou o impede de seguir em sua missão de construir uma vida saudável.

A palavra de Deus em Deuteronômio 6.7 nos lembra que devemos conversar sobre as coisas de Deus com os nossos filhos, instruí-los e investir tempo neles com persistência, desde o amanhecer até o anoitecer. Deve ser algo que fazemos não apenas quando estamos sentados com eles em um culto doméstico, mas também quando estivermos andando, fazendo alguma tarefa rotineira, através de princípios, exemplos; pois nos comunicamos de várias formas.

Não podemos deixar de ser intencionais, porque precisamos entender que a missão de ser persistente é nossa. Nós é que devemos todo tempo abrir esse canal de comunicação com os nossos filhos, mesmo que seja difícil e, em alguns casos, bastante complicado.

Análise qual é a melhor forma de se comunicar com o seu filho ou seu marido, que tipo de assunto lhe interessa mais e comece a conversa sobre isso. Pode ser o time de futebol de preferência dele, um jogo ou mesmo um passeio que ele sonha em fazer. Qualquer que seja a estratégia para abrir uma porta para o diálogo pode ser positivo e, a partir do momento que você obtém sua atenção, poderá aos poucos ir inserindo os assuntos do seu interesse.

É importante também escolher os horários mais adequados. Pode ser mais inteligente e produtivo esperar terminar o telejornal, o jogo de futebol, ou o programa preferido. Nunca se esqueça de que há tempo para tudo,[1] e a sua ansiedade de querer ser ouvido e de que o mundo pare pode atrapalhar tudo.

Princípio 2: Quem sabe escutar não se perde ao falar

Quem responde antes de ouvir, comete insensatez e passa vergonha (Pv 18.13).

É impressionante como em tempos corridos como o nosso cada vez temos mais dificuldades para ouvir, parar e efetivamente escutar as pessoas. O que tem ocorrido é que em certas situações, seja no trabalho, seja mesmo em casa, alguém fala conosco e mesmo estando ao lado dela nós ouvimos, mas não escutamos de verdade; as palavras entram por um ouvido e saem pelo outro; por vezes esboçamos uma resposta, mas não atentamos para os detalhes do que diz o nosso interlocutor.

Além disso, há aquelas pessoas que, além de não saberem escutar, gostam de falar e falam tanto que nunca dão oportunidade para as pessoas se expressarem.

Se isso ocorre na sua família, é hora de chegar a um equilíbrio e permitir que todos os membros da família possam falar e ser escutados.

Salomão, que foi o homem mais sábio que já existiu, recebia pessoas de todas as partes do mundo, pois as pessoas viajavam para poder ouvir suas palavras de consolo, incentivo e estímulo.

Ainda que fosse cortejado por todos para falar, Salomão nos ensina que só devemos falar depois de ouvir e que não devemos nos antecipar sem conhecer os detalhes de cada situação, a fim de que sejamos insensatos e passemos vergonha.

---

[1] Eclesiastes 3.1.

QUEM NÃO SE COMUNICA SE COMPLICA

Os ditados populares em geral são mais rudes: "Quando um burro fala, o outro abaixa as orelhas", mas a Bíblia nos reforça o princípio de que precisamos ser prontos para ouvir.[2]

Quando ouvimos de coração quem amamos, não apenas valorizamos essa pessoa, como também abrimos mão dos nossos paradigmas, do nosso egoísmo e construímos verdadeiros laços de amor.

Se você tem tempo para ouvir os colegas de trabalho, as amigas do salão ou aqueles irmãos da igreja, precisa investir tempo para ouvir as histórias dos seus filhos, ouvir suas dificuldades, sonhos, *hobbies* ou mesmo suas brincadeiras. O hábito de ouvi-los hoje criará uma atmosfera favorável de amizade entre vocês, que não só aumentará o entendimento dentro da família, como também criará uma situação favorável para conselhos e abertura entre todos.

Quando você parar para escutá-los, descobrirá coisas que nem esperava. Em uma pesquisa apresentada por Shaunti Feldhahn e Lisa A. Rice, em seu livro *For parents only*, foram entrevistados nos EUA mais de mil adolescentes com o objetivo de entender como funcionava a mente da nova geração. Quando perguntados sobre o que gostariam de dizer a seus pais se soubessem que estes morreriam no dia seguinte, 95% dos jovens entrevistados disseram que não lembrariam dos problemas nem falariam de coisas que discordassem dos pais, mas diriam frases como "Eu te amo" ou "Me desculpe".[3]

Se você quer também saber o que passa no coração das crianças da sua vida, do seu cônjuge e de quem você ama, dedique tempo para escutá-los.

Princípio 3: Ser paciente é ser prudente

Meus amados irmãos, tenham isto em mente: Sejam todos prontos para ouvir, tardios para falar e tardios para irar-se, pois a ira do homem não produz a justiça de Deus (Tg 1.19,20).

---

[2]Tiago 1.19.
[3]FELDHAHN, Shaunti; RICE, Lisa. *For parents only*. Multnomah Books, 2012.

Por quantas coisas sem sentido você já brigou e, quando relembra a cena, gostaria de poder voltar e desfazer aquilo? Em algumas dessas ocasiões, chegamos a machucar quem amamos por coisas que não valiam a pena. Mesmo que a Bíblia nos ensine que quem é cuidadoso quanto ao que fala evita muito sofrimento,[4] deixamos que a impaciência nos domine e nos leve a extremos.

Qualquer um que consiga controlar sua paciência agirá com mais prudência e poderá colher melhores resultados em sua relação com a família. Você precisa lembrar que quem guarda a boca guarda a vida, mas quem fala demais, ou que se empolga e não coloca freio, acaba se arruinando.[5]

O ex-presidente americano John Quincy Adams certa vez disse: "Paciência e perseverança têm o efeito mágico de fazer as dificuldades desaparecerem e os obstáculos sumirem". Isso nos ensina que, se formos pacientes e perseverarmos, poderemos minimizar os nossos problemas e viver melhor em família.

A carta de Tiago tem nos ensinado muito sobre como nos comunicarmos de uma forma melhor, e os versículos mencionados na entrada deste capítulo nos levam à reflexão de quanto podemos viver melhor se escutarmos mais, se esperarmos para falar e não nos irarmos com facilidade.

A resposta branda sempre desvia a fúria, mas, quando usamos palavras duras, abrimos brecha para a ira,[6] e, em vez de construirmos um ambiente de paz, começamos um clima de guerra em casa.

As palavras erradas podem despedaçar os sonhos de uma pessoa, partir seu coração e tirar alegria de um dia ou de uma vida. Por isso, cuide da sua ira, seja mais paciente e proteja a sua família.

Para ajudar você, disponibilizamos um mapa para que se livre da ira e seja paciente; para isso, aprenda o caminho e use-o como guia na sua vida.

[4]Provérbios 20.23.
[5]Provérbios 13.3.
[6]Provérbios 15.1.

MAPA PARA SE LIVRAR DA IRA E SER MAIS PACIENTE

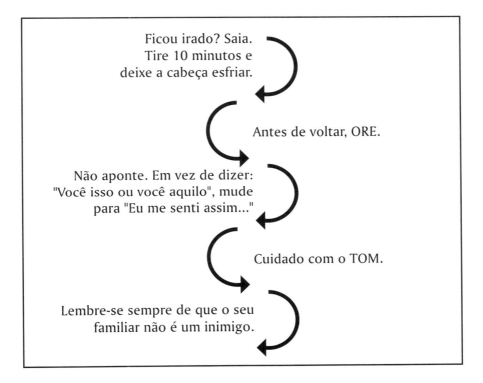

ARMADILHA 6

O amor à tecnologia

*Que todas estas palavras que hoje lhe ordeno
estejam em seu coração. Ensine-as com persistência
a seus filhos. Converse sobre elas quando estiver sentado
em casa, quando estiver andando pelo caminho,
quando se deitar e quando se levantar.*

DEUTERONÔMIO 6.6-7

"Tornou-se chocantemente óbvio que a nossa tecnologia
tenha excedido à nossa humanidade."

ALBERT EINSTEIN

"Alguns anos depois que nasci, o meu pai conheceu uma estranha, recém-chegada à nossa pequena cidade. Desde o princípio, ele ficou fascinado com esta encantadora personagem e, em seguida, a convidou a viver com a nossa família. A estranha aceitou e, desde então, tem estado conosco.

Enquanto eu crescia, nunca perguntei sobre seu lugar na minha família; na minha mente jovem, já tinha um lugar muito especial. Os meus pais eram instrutores complementares: a minha mãe ensinou-me o que era bom e o que era mau, e o meu pai ensinou-me a obedecer. Mas a estranha era nossa narradora. Mantinha-nos enfeitiçados por horas com aventuras, mistérios e comédias, mostrando imagens de suas narrativas.

Ela sempre tinha respostas para qualquer coisa que quiséssemos saber sobre política, história ou ciência. Conhecia tudo do passado, do presente e até podia predizer o futuro! Levou a nossa família ao primeiro jogo de futebol. Fazia-me rir e me fazia chorar.

A estranha nunca parava de falar, mas o meu pai não se importava. Às vezes, a minha mãe se levantava cedo e calada, indo sozinha para a cozinha para ter paz e tranquilidade, pois nós já estávamos com a estranha (agora me pergunto se, alguma vez, ela não teria orado para que essa estranha fosse embora).

Meu pai dirigia a casa com certas convicções morais, mas a estranha nunca se sentia obrigada a honrá-las. As blasfêmias, os palavrões, por exemplo, não eram permitidos na nossa casa, nem da nossa parte, nem dos nossos amigos ou de qualquer um que nos visitasse. Entretanto, a nossa visitante de longo prazo usava sem problemas sua linguagem inapropriada que, às vezes, queimava meus ouvidos e que fazia o meu pai se retorcer e a minha mãe se ruborizar.

O meu pai nunca nos deu permissão para tomar álcool, mas a estranha nos animou a tentá-lo e a fazê-lo regularmente. Fez com que o cigarro parecesse fresco e inofensivo, e que os charutos e os cachimbos fossem distinguidos. Falava livremente (talvez demasiado) sobre sexo. Seus comentários eram às vezes evidentes, outros sugestivos, e geralmente vergonhosos.

Agora sei que os meus conceitos sobre relações foram influenciados fortemente durante a minha adolescência pela estranha. Repetidas vezes a criticaram, mas ela nunca fez caso aos valores dos meus pais; mesmo assim, permaneceu no nosso lar. Passaram-se mais de cinquenta anos desde que a estranha veio para a nossa família. Desde então, mudou muito; já não é tão fascinante como era no princípio. Não obstante, se hoje você pudesse entrar na guarida dos meus pais, ainda a encontraria sentada em seu canto, esperando que alguém quisesse escutar suas conversas ou dedicar seu tempo livre a fazer-lhe companhia...

Seu nome?

Bom... nós a chamamos de TELEVISÃO.

O AMOR À TECNOLOGIA

125

> Agora a estranha tem um marido que se chama computador, um filho que se chama *videogame*, outro que se chama celular e uma filha chamada internet; todos penetraram nossas casas, completaram a desagregação da nossa família, e o celular anda até no nosso bolso, levando consigo a internet."[1]

Essa metáfora retrata bem a invasão da tecnologia na nossa vida e quanto algo aparentemente inofensivo que veio para ajudar pode desviar completamente a família do caminho correto, caso não seja bem dosada.

Todo mundo sabe que o uso excessivo da tecnologia nos leva a uma baixa qualidade de interação entre pais e filhos. No entanto, poucas vezes admitimos que estamos incorrendo nesse erro. Lá na frente podemos sofrer com problemas de comportamento dos nossos filhos, oriundos desses maus hábitos.

O acesso à tecnologia hoje é algo comum, a um clique podemos nos conectar com qualquer parte do mundo. Mensagens que antes passavam dias ou semanas para chegar a outros países, agora chegam de forma instantânea, sem contar que o acesso à informação nunca foi tão grande como na atualidade. Para que você tenha ideia, uma criança de 7 anos de idade hoje tem acesso a mais informação do que o imperador romano tinha no auge de Roma.

Se, de um lado, temos um mar de informações, do outro temos a preocupação dos pais com que tipo de informação está chegando até seus filhos.

Na minha época, os programas eram censurados e normalmente o fato de não deixar os filhos assistirem TV depois das 22 horas já era a garantia de que eles não veriam "nada errado".

Atualmente, em qualquer horário e de qualquer lugar, a apenas um clique do celular, o seu filho pode ter acesso às maiores atrocidades, pornografias ou crimes feitos no mundo.

---

[1]https://metaforas.com.br/2014-10-25/a-estranha.htm

Além disso, o acesso à tecnologia nos deu poder para escolher o que queremos ver e quando queremos, fazendo com que não precisemos esperar intervalo comercial, nem mesmo um horário específico para assistir ao nosso programa favorito, o que torna ainda mais prazeroso ficar em frente a uma tela.

Eu mesmo, quando criança, corri várias vezes na rua para chegar logo em casa e assistir ao episódio de *He-Man*, porque, se eu o perdesse, não teria outra oportunidade de assisti-lo. Hoje não! Os meus filhos nem sabem o que passa na TV aberta e escolhem a hora e ao que querem assistir em algum serviço de *streaming*.*

······················ DESCOMPLICANDO ······················
*Serviço de *streaming*

Os serviços de *streaming on-demand* possibilitam que o usuário controle ao que vai assistir, quando e onde. Um exemplo do uso do *streaming* com funções *on-demand* é o Netflix, que cobra uma assinatura mensal e disponibiliza filmes e séries que podem ser assistidos em diversos dispositivos a qualquer hora.

Hoje em dia, mesmo que as pessoas vivam em uma mesma casa, acabam se vendo cada vez menos. As dinâmicas familiares têm se refeito; um exemplo disso é que antes a mãe ou o pai gritava da cozinha avisando que a comida estava na mesa, mas hoje em dia essa informação é transmitida pelo grupo da família no celular.

A internet veio para ficar. A relação entre a família e a tecnologia é sem dúvida bem complexa e cada vez mais fica difícil definir a fronteira entre o mundo real e o virtual.

A grande pergunta é: as pessoas dominam a tecnologia, ou a tecnologia domina as pessoas?

Como tem sido na sua casa?

O ápice que vivemos da tecnologia nos ajuda muito. Quem imaginaria a vida atual sem um celular, que tem câmera, que faz vídeos, manda e-*mail* e se conecta com as redes sociais de todos os amigos em qualquer parte do mundo? Por vezes, até lembramos que esse aparelho faz ligações telefônicas, o motivo inicial de sua criação.

Por outro lado, também vivemos muitos excessos. Uma pesquisa do Instituto *KRC Research*, que é uma das maiores empresas de pesquisas do mundo apontou que 64% dos brasileiros levam o celular quando vão ao banheiro[2] e sabemos que pelo menos um terço desses saem com o celular infectado de bactérias fecais.

Na mesma pesquisa descobrimos que a relação com o celular é tão pessoal que 42% das pessoas contam seus segredos para o *smartphone*. E 25% delas admitiram que preferem ficar um fim de semana sem sexo que passar o mesmo tempo sem o celular.

Outro fator que a pesquisa nos traz, e que nos assusta, é que um brasileiro em média consulta o celular 78 vezes ao dia. Isso mesmo, em média olhamos para a tela quase 80 vezes em apenas um dia. Já parou para pensar que você pode também fazer isso?

O celular já faz parte da nossa rotina, tanto que 57% das pessoas ao acordar já olham para o celular,[3] antes de fazer qualquer outra coisa. Ficou tão automático como escovar os dentes.

Quando estamos com o celular nas mãos, temos a falsa sensação de companhia. O grande problema está na necessidade constante de substituir o envolvimento real com outras pessoas pelo contato virtual. Deixamos de "precisar" ficar com amigos, ou mesmo com familiares, porque estamos "conectados" com nossa rede social em um mundo virtual.

---

[2]Disponível em: <https://www.valor.com.br/empresas/4158904/maioria-dos--brasileiros-leva-celular-ao-banheiro-diz-pesquisa>. Acesso em: 23 out. 2018.
[3]Disponível em: <https://exame.abril.com.br/tecnologia/brasileiros-consultam-celular-78-vezes-ao-dia/>. Acesso em: 23 out. 2018.

Mais comum do que se imagina, esse quadro de necessidade exagerada de ter sempre o celular por perto é um problema e já tem nome específico: nomofobia. A nomofobia[4] é a fobia causada pelo desconforto ou angústia resultante da incapacidade de acesso à comunicação através de aparelhos celulares ou computadores.

Ela surge quando ficamos impossibilitados de nos comunicar pela falta de um aparelho celular ou de outro dispositivo, que por falha ou não funcionamento, nos impeça de nos conectar. As pessoas que sofrem disso chegam a apresentar crises de ansiedade quando estão afastadas do aparelho.

O vicio não só prejudica o vínculo entre pais e filhos como também projeta na criança um exemplo negativo, mostrando que as relações virtuais sobrepõem as relações reais, podendo se tornar algo tremendamente negativo que ensinemos às próximas gerações.

NÓS SOMOS SERES SOCIAIS

A Bíblia lembra que não é bom que andemos sós:

> *É melhor ter companhia do que estar sozinho, porque maior é a recompensa do trabalho de duas pessoas. Se um cair, o amigo pode ajudá-lo a levantar-se. Mas pobre do homem que cai e não tem quem o ajude a levantar-se! E se dois dormirem juntos, vão manter-se aquecidos. Como, porém, manter-se aquecido sozinho? Um homem sozinho pode ser vencido, mas dois conseguem defender-se. Um cordão de três dobras não se rompe com facilidade* (Ec 4.9-12).

Sem dúvida, fomos criados para viver em grupo, não para viver sozinhos.[5] Somos seres sociais e precisamos interagir com outras pessoas. Muitos dos casos de depressão, crises de ansiedade e até suicídio têm a ver com pessoas que passam muito tempo sozinhas,

---

[4]Disponível em: https://super.abril.com.br/blog/oraculo/o-que-e-nomofobia/. Acesso em: 3 nov. 2018.
[5]Gênesis 2.18.

sem interagir, sem dialogar e sem poder se abrir e falar o que realmente estão sentindo.

Sabemos que pessoas com tendência ao isolamento ou à solidão têm dificuldade de interagir; são as chamadas tímidas. No entanto, o risco é grande de a tecnologia terminar aprisionando essas pessoas, já que o medo de contato com um público maior, as pode levar a ter um relacionamento somente através das telas.

Todos nós precisamos de companhia e precisamos interagir, porque somos parte de um corpo; principalmente nas nossas famílias exercemos um papel e precisamos atuar para compor o corpo.

Lembro-me de que uma das primeiras decisões que tomamos em casa, desde que a nossa filha mais velha ainda era pequena, foi não ter um aparelho de TV no quarto, evitando assim que cada um ficasse isolado em sua TV e se esquecesse da relação com a família.

Essa foi uma medida adequada para a geração passada. Contudo, nos dias de hoje, não é preciso ter uma TV no quarto para que cada membro da família viva isolado, porque todos podemos ter um celular ou *tablet* e fazer isso sem necessidade de pedir licença.

O risco agora é controlar esse acesso, dar os limites certos, não apenas para os filhos, como também para nós, a fim de que sejamos exemplos, para que nenhum de nós se isole e possamos interagir como família, aproveitando cada uma das fases que estamos vivendo.

O escritor *best-seller* Augusto Cury chegou a dizer:

> O diálogo está morrendo, muitos só sabem falar de si mesmo, quando estão diante de um psiquiatra ou psicólogo. Pais e filhos não cruzam suas histórias, raramente trocam experiências de vida. A família moderna está se transformando em um grupo de estranhos, todos ilhados em seu próprio mundo.[6]

---

[6]Cury, Augusto. *12 semanas para mudar sua vida*. 2. ed. São Paulo: Academia da Inteligência, 2007.

A tecnologia tem contribuído para esse cenário. Você já deve ter encontrado uma família em um restaurante onde todos estavam conectados em seus aparelhos e ninguém se olhava, mesmo que estivessem um ao lado do outro.

Muitas vezes, queremos a curtida de um estranho, mas não o olhar da mãe. Queremos o comentário de uma pessoa distante e deixamos de escutar aquele que está tão perto.

O que temos visto é que a internet tem aproximado quem está longe (o que pode ser muito bom), mas tem afastado muito os que estão bem pertinho.

MAIS CONEXÃO VIRTUAL, MENOS CONEXÃO REAL

Uma pesquisa realizada pela Universidade de Stanford descobriu que o uso excessivo de aparelhos eletrônicos também prejudica as habilidades sociais das crianças e adolescentes, interferindo na forma pela qual elas se comunicam com colegas, na classe e com os familiares.[7]

Segundo os pesquisadores, os resultados foram perturbadores e assustadores, pois se revelou que o uso excessivo das plataformas *on-line* estava associado diretamente a uma série de experiências negativas das crianças, como sentimentos de não pertencimento ao grupo de colegas, depressão e comportamento rebelde em casa.

Sem falar que causa perda de sono, obesidade, dores de cabeça, distúrbios de atenção, sedentarismo e agressividade — tudo isso já provado cientificamente.

O que vemos é que além de se sentir sós, os jovens começam a perder desempenho em outras áreas que são importantes na vida. Outro estudo feito pela Universidade de Michigan relatou

---

[7]Disponível em: <https://www.gazetadopovo.com.br/educacao/uso-excessivo-de-aparelhos-eletronicos-influencia-rotina-escolar-744zjs7m893g9a78fz-2045cv6/>. Acesso em: 23 out. 2018.

que os jovens que jogavam *videogame* frequentemente passavam em média 30% menos tempo lendo e 34% menos tempo fazendo a lição de casa.[8]

Além disso, esse fenômeno leva a uma série de outros problemas de ordem física e emocional, que podem interferir na vida adulta. Segundo o escritor Içami Tiba:

> Há situações em que o cérebro "acredita" que o jogo violento dos *videogames* é real. Isso provoca fortes descargas de adrenalina e neurotransmissores, que são descarregados em brigas reais. Os jovens que brincaram com *videogames* violentos na infância seriam mais violentos que os que não brincaram.[9]

A ideia de que a vida imita a arte é ainda mais presente quando uma criança que está envolvida no mundo virtual do jogo, atirando, matando, batendo, começa a repetir essas mesmas atitudes em seu dia a dia, tornando-se muito mais agressiva e menos amorosa.

Hoje vivemos um fenômeno que envolve fobia social e um enclausuramento dos jovens para curtir a tecnologia. Esses dois fatores juntos desencadeiam vários problemas de saúde.

Segundo o psiquiatra Felipe Pinheiro:

> Essa falta de habilidade social é um fator de risco para diversas enfermidades psiquiátricas, como a depressão, o transtorno de ansiedade social e até mesmo a maximização da dificuldade de lidar com as frustrações, o que muitas vezes acaba sendo a raiz de um problema mais complexo como, por exemplo, abuso de drogas e álcool.[10]

---

[8]Disponível em: <https://www.gazetadopovo.com.br/educacao/uso-excessivo-de-aparelhos-eletronicos-influencia-rotina-escolar-744zjs7m893g9a78fz-2045cv6/>. Acesso em: 23 out. 2018.

[9]TIBA, Içami. *Quem ama, educa!* São Paulo: Editora Gente, 2002. p. 250.

[10]Disponível em: <https://www.gazetadopovo.com.br/educacao/uso-excessivo-de-aparelhos-eletronicos-influencia-rotina-escolar-744zjs7m893g9a78fz-2045cv6/>. Acesso em: 23 out. 2018.

O apóstolo Paulo nos faz um alerta, lembrando-nos de que devemos aproveitar ao máximo cada oportunidade:

Tenham cuidado com a maneira como vocês vivem; que não seja como insensatos, mas como sábios, aproveitando ao máximo cada oportunidade, porque os dias são maus (Ef 5.15,16).

Saber gerenciar o tempo, dedicá-lo ao que realmente é importante e não deixar que os excessos nos tirem os grandes e verdadeiros prazeres da vida é uma missão nossa como pais, a qual precisamos assumir como um estilo de vida tão verdadeiro que possa transbordar na vida dos nossos filhos.

Precisamos ter cuidado, pois o que vemos é que os pais estão cada vez mais ocupados no mundo moderno e os filhos estão cada vez mais distantes em um mundo totalmente conectado.

TECHNOFERENCE

Quem, em meio a uma refeição com a família, não se deparou com um integrante que estava no celular? Quem em meio a um passeio de lazer não se pegou olhando para a tela em vez de curtir o momento e o lugar?

Às vezes, é até difícil resistir a verificar uma mensagem ou olhar as redes sociais e, quando menos esperamos, perdemos a oportunidade de viver algo que seria importante naquele momento, e que certamente nunca voltará a acontecer.

Os nossos filhos mais novos ainda participam de festas de colégio, como festas de fim de ano, abertura de jogos, ou mesmo feira de ciências; e é impressionante a quantidade de pais que estão, mesmo nesses momentos, conectados a um celular.

O que temos visto é que essa troca de momentos de felicidade real, por distrações virtuais tem assolado cada vez mais as famílias. E o que para um pai pode ser apenas uma olhadela na tela do celular, para o filho pode ser uma demonstração de falta de amor.

Quando os pais passam muito tempo agarrados a um celular ou mesmo em frente da TV, em um momento de refeição com a família, ou mesmo em momentos que deveriam ser de brincadeiras para os filhos, transmite a mensagem de falta de afeto e cuidado.

Isso é o que confirma uma pesquisa realizada pelas universidades de Michigan e Illinois nos EUA, que avaliou quanto o uso de equipamentos tecnológicos pode afetar a interação entre pais e filhos.[11]

A esse conceito se deu o nome de *technoference*, que relata a interferência da tecnologia na vida das pessoas. Segundo McDaniel, um dos coordenadores da pesquisa, a maioria das pessoas acredita que o uso que faz dos aparelhos não tem nada de mais e que isso não afeta a vida das crianças.

No entanto, o que se relata é que as crianças, principalmente as menores, tendem a chorar e a agitar-se mais quando são desconectadas dos pais pela interrupção da tecnologia. O que temos visto é que devido à technoference as crianças tendem a ter maiores problemas de comportamento, pouca interação familiar e até sintomas depressivos e de estresse.

Às vezes sem notar, uma atitude aparentemente simples da nossa parte pode marcar o futuro dos filhos, causando doenças emocionais que podem ter grandes transtornos nas famílias.

Se os pais não dão atenção porque estão envolvidos com o aparelho tecnológico, a criança certamente tentará chamar atenção de outra forma, e normalmente isso se dá através de maus comportamentos.

A FALTA DE CONSCIÊNCIA

Se, de um lado, os pais querem regular o tempo que os filhos passam em frente a uma tela, por outro os próprios pais não dão

---

[11]Disponível em: <https://gauchazh.clicrbs.com.br/saude/vida/noticia/2017/11/estudo-relaciona-uso-excessivo-de-tecnologia-pelos-pais-e-mau-comportamento-dos-filhos-cj9u4cz9x00uw01qgc6sb3b8b.html>. Acesso em: 24 out. 2018.

exemplo. O que precisamos lembrar é que os pais são exemplos e se os filhos os veem conectados no almoço, na ida ao médico, em momentos de lazer e até mesmo em casa, acreditarão que esse é um padrão normal e seguirão esse modelo.

O Brasil é um país altamente conectado. Temos mais de 276 milhões de celulares, em um país com 204 milhões de habitantes,[12] e ainda somos o terceiro país no mundo que mais passa tempo conectado, ou seja, nove horas por dia em frente a uma telinha.

Diante dessa realidade, poucas vezes temos consciência desse fato e de quanto pode prejudicar as relações familiares e a nossa função de educar os filhos.

Algumas coisas passam a ser tão comuns, que muitos pais querem acalmar os filhos deixando as crianças com um *smartphone*, por exemplo, e acreditam que vale a pena mantê-las quietas e ocupadas, muitas vezes enquanto eles também se ocupam de suas tarefas, habituando-as a algo que será difícil de mudar.

O que acontece é que as crianças notam que não estão sendo olhadas, cuidadas e protegidas. Pior do que isso, elas descobrem que não estão sendo valorizadas pelos pais. Em pesquisa feita pela revista americana *Highlights*, 62% as crianças reclamam que os pais estão muito distraídos para poder ouvi-las.[13]

Segundo a Sociedade Brasileira de Pediatria,[14] uma criança até 2 anos não deveria sequer ter contato com telas virtuais, pois não sabe distinguir o que é real do que é virtual. Já com relação às crianças com faixa etária entre 2 e 5 anos, a recomendação é de uma hora diária; e para maiores de 6, até duas horas por dia.

---

[12]Disponível em: <https://noticias.r7.com/tecnologia-e-ciencia/estudo-revela-que-brasileiro-passa-mais-de-nove-horas-por-dia-na-internet-23012015>. Acesso em: 6 nov. 2018.

[13]Disponível em: <https://revistacrescer.globo.com/Familia/Rotina/noticia/2014/12/tecnologia-esta-afetando-relacoes-familiares-dentro-da-sua-casa.html>. Acesso em: 25 out. 2018.

[14]Disponível em: <https://saude.estadao.com.br/noticias/geral,tempo-gasto-em-frente-a-telas-afeta-desenvolvimento-de-crianca-diz-estudo,70002535761>. Acesso em: 3 nov. 2018.

No entanto, essas recomendações não parecem ser seguidas por muitos pais, e vemos crianças desde muito pequenas já com seus *tablets* ou celulares; no caso de a criança ter seu próprio aparelho, a tendência ao uso é muito maior. O ideal é que o pai empreste um aparelho para o uso da criança, o que lhe dará um controle maior.

A Academia Americana de Pediatria recomenda que somente a partir dos 13 anos as crianças tenham seu próprio aparelho.[15] Eles entendem que nessa idade os adolescentes já começam a sair de casa sozinhos, e o aparelho pode ajudar na comunicação com os pais, além de ser uma fonte de acesso a conhecimento e interação com o grupo de amigos.

No entanto, se no passado as crianças sonhavam com uma bicicleta ou uma boneca, hoje logo cedo sonham em ter seu *smartphone*, e os pais se sentem pressionados a antecipar as fases, o que nem sempre é indicado.

A grande questão é se temos ou não consciência dos riscos, das fases que as crianças precisam viver e se estamos ou não protegendo os nossos filhos, pois o perigo existe. Lembre-se sempre do ditado popular que diz: "Se atalho fosse bom, se chamaria caminho".

Portanto, a nossa função como pais não é simplesmente ocupar os filhos com uma tela de celular, mas, sim, participar, brincar, apoiar, educar e, conforme Deuteronômio 6, instruí-los na Palavra de Deus de dia e de noite.

■ *Toque da Márcia*

O exemplo começa em mim

Alguém já disse que a palavra pode até convencer, mas o exemplo é o que vai arrastar. Essa verdade é inquestionável quando se trata do exemplo dos pais na vida dos filhos. Como esponjas eles

[15]Disponível em: http://pediatrics.aappublications.org/content/132/5/958.full Acesso em: 3 jan 2019.

não apenas absorvem tudo que dizemos, como também repetem o que fazemos.

Um dos maiores cuidados que temos é para que não sejamos incoerentes, nem hipócritas.[16] Se dizemos algo aos nossos filhos e fazemos outra coisa, o perigo é enorme. O que eu e você precisamos lembrar é da nossa missão de ser exemplo[17] no que falamos e fazemos, pois, se eu não identificar que há um problema com os meus hábitos, ou não ajustar o meu comportamento, será muito mais difícil poder ajudar a minha família.

A primeira coisa que eu e você precisamos avaliar é se estamos usando tecnologia demais, se passamos tempo excessivo em *smartphones*, *tablets* e computadores. Você já avaliou quantas horas por dia passa conectada(o)?

Fomos libertados do pecado para fazer o que é direito e esse é o caminho que devemos ensinar aos nossos filhos. Qualquer imposição de regras vai por água abaixo se os pais não se impõem determinados limites.

Portanto, se você quer novos hábitos em casa, comece por não usar o celular nas refeições, não responda a mensagens enquanto dirige, ou mesmo no farol vermelho. Se seu filho acompanha a sua "necessidade" e ansiedade de responder ao celular todo tempo, naturalmente ele repetirá esse padrão.

Outra coisa fundamental é estar presente e ter um momento verdadeiro com a família. Tem sido muito comum pais e mães dizerem que ficaram em casa com os filhos, mas na verdade não "estavam", pois, mesmo na sala, assistindo a um filme em família, estão com as mãos e os olhos fissurados no celular. Por isso, quando o seu filho falar com você, largue o celular, olhe nos olhos dele e esteja 100% presente naquele momento.

Eu e Darrell criamos os chamados momentos *off-line*, e os ocupamos com jogos como "nome, lugar e objeto", Uno, baralho

---

[16]1Pedro 2.1.
[17]1Timóteo 4.12.

ou dominó, entre outros, como forma de interação e de ensinar que existem alegria e diversão fora do mundo virtual.

Nesses momentos, usamos o nosso "estacionamento de celular", uma caixa que fica em uma mesa de centro, onde todos deixam seu celular durante a brincadeira, sem perigo de vibrações e toques que podem nos distrair no nosso momento familiar.

Sente-se com os seus filhos e entre no mundo deles, seja vendo TV ou jogando com eles. Isso não só o aproximará deles, como fará com que você os conheça ainda mais, sabendo do que eles gostam, como lidam com as situações, que jogos ou desenhos curtem, bem como suas emoções em cada um desses momentos. ■

A REGRA É CLARA

Na nossa infância, várias coisas deixaram sua marca em nós, e algumas delas provavelmente não aconteceram só na nossa casa, mas na de muitas pessoas. Por exemplo, quem nunca ouviu de seus pais que não deveríamos falar com estranhos na rua? Aquilo era uma forma de nos proteger no mundo real, de nos preparar para os perigos que a vida oferecia.

Hoje em dia, precisamos continuar alertando os nossos filhos, não apenas para não falar com "estranhos" como também para o cuidado que eles devem ter com conteúdos inapropriados que estão a um clique de seus olhos.[18]

Para protegê-los no jogo da vida, quanto mais as regras forem claras, maior será o nosso êxito como pais e mães. Por isso, estipule bem os horários de conexão. Lembre-se sempre que as conexões com essa tecnologia devem ser feitas depois das obrigações diárias deles, como lição de casa, estudo, leitura da Bíblia, refeições e higiene pessoal.

Em casa, os meninos têm um ritual matinal, e, mesmo em dias de final de semana ou férias, só podem se conectar depois que

[18]Salmo 101.3.

cumprem todo seu ritual; as prioridades já entraram na rotina deles e eles sabem que, mesmo não sendo tão divertido como um jogo, são mais importantes e fazem parte das primícias de seu dia.

Vale estipular limites de tempo, porque para tudo na vida há limites e, se desde pequenos eles não aprenderem que há limite para o uso de eletrônicos, na adolescência será muito mais difícil, ou mesmo impossível, conseguir levá-los por exemplo a um passeio normal com a família, pois estarão viciados em uma tela.

O que temos feito em casa é estimular também a vinda de amigos, para jogar bola e ter atividades diferentes, forçando desse modo que saiam do momento de solidão dando-lhes a oportunidade de interagir mais.

Se deixarmos os nossos filhos enveredarem pelo caminho da falta de controle ou de supervisão da nossa parte, corremos o risco de que eles entrem para as estatísticas de pessoas dependentes ou de transtornos pelo uso excessivo de *gadgets*.*

······················ DESCOMPLICANDO ·······················

Gadget

Termo utilizado para representar dispositivos eletrônicos portáteis de maneira genérica. *Smartphones*, *tablets*, *notebooks*, HDs externos, carregadores portáteis — todos eles fazem parte do universo definido por esse vocábulo. Refere-se genericamente a um equipamento que tem um propósito e uma função específica, prática e útil no cotidiano.

Vale também um monitoramento de acesso a redes sociais ou *sites*. Hoje em dia existe uma série de aplicativos que podem monitorar o aparelho de celular ou *tablet* que seu filho usa e limitar o acesso a redes sociais, vídeos ou até mesmo filmes. Seja na TV ou no *smartphone*, os aplicativos de controle parental hoje em dia são uma ferramenta necessária para acompanhar melhor os filhos.

Através desses aplicativos é possível restringir o período em que a criança poderá brincar, o tempo de duração, quais *apps* poderão ser executados, e os *sites* acessados. As regras de uso podem ser configuradas no aparelho ou numa interface no *site* do desenvolvedor através de um painel administrativo. É importante informar a criança de que existe esse controle e que este faz parte das regras que vocês estipularam para seu bom uso.

Salomão, em Provérbios 22.15, nos lembra de que é natural a criança cometer tolices, mas que a correção dos pais as ensinará a se comportarem, por isso, o princípio de causa e consequência cabe muito bem quanto ao uso dos aparelhos eletrônicos; se você estipular regras, e o seu filho não as cumprir, ele deverá ser punido e deverá perder o acesso a seu *gadget* preferido, por determinado tempo.

O filho precisa entender que ele está sob o acompanhamento dos pais e que os pais têm direito de conferir e acompanhar o que eles acessam e veem. Em casa, usamos a mesma senha para todos os aparelhos celulares, em uma demonstração simples de que não temos nada a esconder uns dos outros.

> **DESAFIO**
>
> **Queremos propor um *DETOX DIGITAL***
>
> E já que temos que dar o exemplo, vamos a um desafio. E se você se desligasse da internet por um dia?

Cinco coisas que você ganharia:
- Mais produtividade.
- Aproveitar mais as pessoas próximas a você.

- Melhor bem-estar.
- Menor ansiedade.
- Menor pressão social.

Aceita?

Em caso positivo, assine abaixo este compromisso:

Eu _____
me comprometo a passar as próximas 24 horas sem acesso à internet ou a qualquer outra tecnologia, para poder olhar verdadeiramente ao meu redor, curtir mais momentos com a minha família e ter uma experiência que servirá de estímulo a todos à minha volta.

PRINCÍPIOS QUE PROTEGEM FAMÍLIAS

Os princípios são as normas ou os padrões de conduta que regem uma pessoa ou um grupo de pessoas. Dizem respeito à essência de algo e para mim, em especial, norteiam a própria vida. A minha vida se baseia totalmente em princípios, e sempre digo aos meus filhos que podemos fazer qualquer coisa na vida, menos ir contra os nossos princípios. Deus é um Deus de princípios; a Bíblia está repleta de princípios e é dela que extraímos o guia para proteger a nossa família. Veja abaixo alguns princípios que podem ser fundamentais para ajudar você a elencar as prioridades certas para a sua família.

Princípio 1: Quando não posso vencer, melhor me aliar

[...] *e o conhecimento se multiplicará* (Dn 12.4).

Há um ditado popular que diz que quando você não pode vencer o inimigo, o melhor é juntar-se a ele. Podemos usar o mesmo princípio na relação com a tecnologia, pois, por mais que saibamos os riscos aos quais a nossa família está exposta, não temos como ir contra o avanço da tecnologia, que só tende a crescer.

Conforme visto em Daniel 12.4, o conhecimento visto como ciência tem se multiplicado; quanto mais o ser humano se desenvolve, mais ele inventa novas tecnologias que visam facilitar a vida diária.

A tecnologia está em toda parte e os seres humanos já se tornaram dependentes dos equipamentos disponibilizados pela ciência atual. Não temos como parar o progresso tecnológico, nem impedir que ele chegue aos nossos filhos.

Houve momentos em que a tecnologia foi usada a nosso favor; basta lembrar por exemplo das estradas romanas — por meio delas os missionários puderam se mover rapidamente e levar o evangelho aos quatro cantos do mundo então conhecido. A tecnologia da imprensa permitiu a impressão e a confecção da Bíblia em formato de livro, e assim se distribuiu a Palavra de Deus a quem não tinha acesso.

O mundo mudou e mudará ainda mais. Por isso, devemos estudar e conhecer tudo o que ele tem a oferecer para poder ajudar os nossos filhos, bem como acompanhá-los e protegê-los.

Você só não pode ignorar os avanços tecnológicos; muitos menos deixar de se atualizar e se perguntar: como posso usar essa fonte de riqueza, que é a tecnologia, para fazer o bem e promover o conhecimento de Deus?

Princípio 2: O vício escraviza e afasta do real propósito da vida

Tenham cuidado para que ninguém os escravize a filosofias vãs e enganosas, que se fundamentam nas tradições humanas e nos princípios elementares deste mundo, e não em Cristo (Cl 2.8).

Pense no formato de família dos seus avós, quando não havia celular, TV a cabo, internet nem videogame. O pai trabalhava durante o dia, e a mãe ficava totalmente envolvida em cuidar da educação e do desenvolvimento dos filhos. Nesse cenário, a interação entre os membros da família era muito maior, e os pais estavam bem mais próximos aos desafios que os filhos enfrentavam durante seu crescimento.

Hoje em dia, em um mundo altamente conectado, podemos facilmente perder esse acompanhamento e, quando menos esperamos, os nossos filhos estão totalmente escravizados aos modismos deste século e longe do propósito de Deus.

Pior que isso se dá quando nos deixamos escravizar ou nos viciamos e não conseguimos passar uma ou duas horas sem olhar para o celular. Algumas pessoas podem voltar para casa no meio do percurso para o trabalho para pegar o celular, mas não voltariam para buscar a bolsa ou carteira.

A tecnologia, em si, incentiva a dependência. Nada do que é feito pelos programadores de uma rede social, por exemplo, é feito de forma aleatória, pois eles têm a intenção de que você passe o máximo de tempo da sua vida conectado a eles. Saiba que não é por acaso que a sua *timeline* mostre postagens de pessoas que são favoráveis, por exemplo, ao mesmo político que você. Isso serve para que você se sinta bem e passe mais tempo antenado.

Não podemos ficar dependentes de um aparelho ou mesmo de uma rede social. Em Colossenses 2.3, lemos que em Cristo estão escondidos todos os tesouros da sabedoria e do conhecimento, mas talvez você passe horas no celular, ou o acesse diversas vezes por dia, mas não tenha tempo para ler a Bíblia ou passar 15 minutos de oração com Deus. O que será que o está escravizando?

Quando o texto de Colossenses foi escrito, existiam em Colossos hereges que disseminavam raciocínios falsos e enganosos que excluíam Cristo em favor das tradições humanas. Essa carta mostra o cuidado de Paulo com o que estava influenciando a igreja, lembrando quanto precisamos viver em Cristo, enraizados e edificados na Palavra de Deus.

O AMOR À TECNOLOGIA

Se trouxermos isso para o nosso tempo, trata-se de um alerta para que a tecnologia não nos escravize e para que possamos nos manter firmes na fé, cheios de gratidão e cuidadosos, a fim de não tirarmos os olhos Daquele que é o Autor e Consumador da nossa fé.[19]

Princípio 3: Preciso desconectar para conectar

> *Eu sou a videira; vocês são os ramos. Se alguém permanecer em mim e eu nele, esse dará muito fruto; pois sem mim vocês não podem fazer coisa alguma* (Jo 15.5).

Jesus se apresenta como a videira verdadeira, ensinando sobre como podemos ter um relacionamento verdadeiro no momento que entendemos que dependemos dEle e que precisamos estar diretamente conectados a Ele para dar frutos e para ter uma vida com sentido.

O grande objetivo continua sendo dar bons frutos, principalmente com os da nossa casa, mas para isso precisamos estar conectados à fonte da vida. Muita gente tem passado horas e horas assistindo a séries, fazendo maratonas, conectados a redes sociais sem ver o tempo passar e perdendo o melhor da vida.

Chegará o momento em que você precisará desconectar-se do mundo virtual e começar a se reconectar a algo que tenha deixado de lado. Talvez sejam os filhos, ou um amigo com quem não encontra há muito tempo, ou mesmo voltar a conectar-se com o seu *hobby* preferido, ou com um caminho que o leve a realizar os seus sonhos.

Você sabe por que não se pode usar o celular no avião? Não é o celular que derruba um avião; o que acontece é que suas ondas podem interferir no contato entre o piloto e a torre de controle, e com isso causar acidentes. Quando entendi isso, vi que em muitas

---

[19]Hebreus 12.2.

situações o celular também tem afetado o meu contato com a torre de controle da minha vida, que é Deus. Por isso, resolvi que em alguns horários do dia o celular deveria ficar desligado e eu teria tempo para me conectar com algo mais importante.

Para termos *sinal limpo* com Deus, precisamos passar mais tempo com Ele, investir tempo nessa relação e aprender mais de Deus. A Sua Palavra é a lâmpada para os nossos pés e luz para o nosso caminho.[20]

[20]Salmo 119.105.

ARMADILHA 7

Distância de Deus

*Portanto, quem ouve estas minhas palavras e as
prática é como um homem prudente que construiu a sua
casa sobre a rocha. Caiu a chuva, transbordaram os rios,
sopraram os ventos e deram contra aquela casa, e ela não
caiu, porque tinha seus alicerces na rocha. Mas quem ouve
estas minhas palavras e não as prática é como um insensato
que construiu a sua casa sobre a areia. Caiu a chuva,
transbordaram os rios, sopraram os ventos e deram contra
aquela casa, e ela caiu. E foi grande a sua queda.*

MATEUS 7.24-27

"A melhor maneira de que o homem dispõe para
se aperfeiçoar, é aproximar-se de Deus."

PITÁGORAS

A distância de Deus é o inimigo número um em qualquer lar.
Quando não temos um ambiente de espiritualidade, fatalmente teremos problemas intermináveis. Em um lar onde a presença de Deus é comum, a atmosfera é diferente. Você sente o clima agradável onde imperam a paz e a santidade.

Quando entramos em um lar assim, prontamente notamos a harmonia entre todos; trata-se de um lugar onde as coisas de Deus são colocadas em primeiro lugar e, como diz a Bíblia, todas as demais coisas são acrescentadas. Mas, quando entramos em um lar onde Deus não é protagonista, onde Ele não é a presença mais marcante, logo percebemos que os propósitos estão invertidos.

Nesse lugar, o foco são as coisas materiais, as pessoas querem um carro melhor, uma viagem mais empolgante, ou o último aparelho da moda. Os prazeres materiais ocupam o primeiro item da lista e muitas vezes há brigas dentro da família por causa desses objetivos.

A harmonia passa longe, e as pessoas estão tão envolvidas em seus projetos individuais que só lembram que fazem parte de uma família no momento da fotografia.

A Bíblia nos faz lembrar que *se o Senhor não edificar a casa, em vão trabalham os que edificam;*[1] mesmo assim, tratamos muitas vezes Deus como figurante na nossa história. Nós O chamamos quando precisamos dEle, mas não desejamos que Ele esteja em todos os capítulos da nossa vida. Ele aparece na hora da aflição, mas esquecemos de chamá-Lo nas comemorações. Nós O convidamos quando temos uma dúvida, mas nos esquecemos dEle quando estamos diante da tentação e caímos no pecado.

O primeiro pecado foi fruto de um momento de esquecimento da importância de Deus. Desde o princípio Deus estava presente.[2] Ele visitava Adão e Eva, falava com eles e os orientava.[3] Enquanto obedeceram à voz de Deus, o lar era um paraíso. No momento em que resolveram deixar Deus de lado, o pecado se fez presente.[4]

Se você parar para analisar, passados milhares de anos, a mesma coisa acontece nos lares atuais: quando Deus está presente, há harmonia, paz, amor e cooperação entre todos. Quando Deus fica de fora, há brigas, intrigas, contendas, ciúmes, falta de amor e desunião.

Faz sentido?

[1] Salmo 127.1.
[2] Gênesis 1.1.
[3] Gênesis 3.3.
[4] Gênesis 3.6,7.

DISTÂNCIA DE DEUS

Há uma história que roda na internet que trata de uma criança, seu pai e a explicação sobre o tamanho de Deus. Ela é mais ou menos assim e pode exemplificar bem a importância de uma aproximação de Deus:

> Um garoto perguntou ao pai: Qual é o tamanho de Deus? Então, ao olhar para o céu, o pai avistou um avião e perguntou ao filho: "Que tamanho tem aquele avião?" O menino disse: "Pequeno, quase não dá para ver". Então o pai o levou a um aeroporto e ao chegar próximo de um avião perguntou: "E agora, qual é o tamanho deste?" O menino respondeu: "Nossa, pai, este é enorme!" O pai então disse: "Assim é Deus; o tamanho vai depender da distância que você estiver dele". Quanto mais perto você estiver dele, maior Ele será na sua vida!

Exatamente assim acontece com a nossa família. Quanto mais próxima ela estiver de Deus, mais Ele será grande para nós e estaremos vivendo dentro dos propósitos dEle; quanto mais distantes estivermos dEle, mais pensaremos que Ele é pequeno e muitas vezes acharemos que Ele nem existe.

E é exatamente aí que mora o perigo.

Durante muito tempo na nossa casa Deus era algo muito distante, algo do qual apenas corríamos atrás quando precisávamos e ignorávamos quando estávamos bem. A coisa mais próxima que eu tinha de Deus era frequentar um batizado ou casamento; e, quando me lembrava, ao passar por uma igreja eu me benzia. Aquilo estava muito distante do tamanho de Deus e do que Ele realmente é, principalmente do tamanho com o que Ele queria se mostrar a mim e à minha família.

DEUS COMO PROTAGONISTA

Quando fazem votos no casamento, as pessoas se comprometem a amar, cuidar, honrar, ser fiel na saúde e na doença, na alegria e na tristeza, na prosperidade e na adversidade. Comprometem-se a estar juntas até que a morte as separe. Em seguida, pedem a bênção de Deus para constituir suas famílias.

Sabe o que mais me impressiona? Tenho acompanhado muitos casais nas redes sociais com dificuldades em seus casamentos, tenho sido testemunha de muita restauração, mas de alguns divórcios também, e o que eu descobri é que, em muitas famílias, a hora do casamento foi a última vez em que Deus fez parte de um compromisso na vida de muitos casais.

Agora peço licença para entrar na sua intimidade. Pense com você mesmo:

Qual foi a última vez em que Deus foi o protagonista na história da sua família?

Tempo para pensar...

Mais tempo...

Comece a deixar Deus ser o protagonista da sua história, ou você continuará como a maior parte das famílias: Deus será o principal figurante, às vezes em uma estante, em um quadro, ou mesmo em uma camisa, como muitos fazem, mas sem efetivamente estar no seu coração, que é o lugar dEle.

Reflita agora:

Que percentual Deus ocupa no seu lar?

Seria 10%, 20%, 50%, 100%? Ou nem sequer faz parte?

Que papel Deus tem na sua família?

Quando você deixa Deus ser o protagonista, tudo muda. Mas atenção: o que significa ser o protagonista?

Segundo o Dicionário Aurélio, *protagonista* é: "Principal Ator. Pessoa que ocupa o primeiro lugar em qualquer acontecimento".[5]

Você precisa reescrever o enredo da história da sua vida, para não viver um filme cujo final não será nada feliz, com uma família em perigo. Que papel Deus tem hoje na sua família?

---

[5]Disponível em: <https://dicionariodoaurelio.com/protagonista>. Acesso em: 19 nov. 2018.

DISTÂNCIA DE DEUS

Muitas pessoas frequentam igrejas, levam a família às celebrações de domingo, às vezes até lideram um movimento em suas comunidades, mas não têm Deus como protagonista. Essas pessoas escolheram Deus para outro papel, o de coadjuvante, aquele que aparece quando se precisa dEle; está sempre ali, mas não é muito notado. Embora presente, a história não gira ao redor dEle; ele faz parte, todo mundo conhece, mas não está presente em todas as cenas.

Ainda temos aqueles que tratam Deus como figurante. Ele existe, mas quase ninguém se dá conta. Seu nome até passa no final do filme nas letrinhas miúdas, mas, se você não focar bem, nem saberá que fez parte do enredo.

Para proteger a sua família, Deus precisa possuir papel de destaque no seu filme. Ele precisa ser o ícone principal da história. Sabe por que as famílias estão se destruindo? Porque deixam Deus de lado dos relacionamentos. Deus não é o centro.

Imagina o sistema solar. O sol no centro e ao redor dele todos os planetas, não é assim? Se imaginássemos Deus como o sol, quais áreas da sua vida estariam mantidas em órbita ao redor de Deus?

Para muitas famílias, Deus está muito menos como o sol, no centro de tudo, e muito mais como a lua, ali do lado, que aumenta e diminui, conforme as noites passam; às vezes, nos lembramos de que Ele está ali, às vezes não; depende muito se estamos precisando apreciar a beleza daquele luar. Por isso, temos tantas famílias despedaçadas, tantos problemas dentro das casas.

A maioria das pessoas hoje em dia tem escolhido outro sistema solar. Para alguns é o dinheiro, para outros o trabalho, os gadgets, as redes sociais, o time de futebol, uma bebida ou droga. Infelizmente em muitas casas o pecado não mora ao lado, mas no centro da vida das pessoas

A MÁSCARA DO AVIÃO

Claro que o primeiro passo tem que começar em mim. Se eu quero realmente aproximar a minha família de Deus, tenho que começar por me aproximar dEle, rever a minha espiritualidade e em quais áreas preciso melhorar.

Você se lembra daqueles avisos que escutamos um pouco antes de o avião decolar? Um dos que mais nos marcam com certeza é o das máscaras de oxigênio. Ele é mais ou menos assim:

> Em caso de despressurização da cabine, máscaras de oxigênio cairão automaticamente. Puxe uma das máscaras, coloque-a sobre o nariz e a boca, ajustando o elástico em volta da cabeça e respire normalmente. DEPOIS auxilie a pessoa do seu lado.

A indicação de segurança diz que primeiro precisamos colocar a máscara em nós, para só depois colocá-las nos outros. Só depois de estarmos bem, é que podemos ajudar os demais.

A mesma coisa acontece na nossa espiritualidade; só poderei ajudar os demais membros da minha família quando estiver alimentado de Deus. Pois, se eu não me alimentar, como vou querer que os meus filhos se alimentem?

Comece orando por eles. Quando oro por alguém da minha família, crio uma conexão direta dela com Deus. Em Mateus 4.4, lemos: *Jesus respondeu: Está escrito: 'Nem só de pão viverá o homem, mas de toda palavra que procede da boca de Deus'.*

Em Deuteronômio 6.7 somos desafiados a ensinar sempre: *Ensine-as com persistência a seus filhos. Converse sobre elas quando estiver sentado em casa, quando estiver andando pelo caminho, quando se deitar e quando se levantar.*

Mas, antes disso, no versículo 6 diz: *Que todas estas palavras [...] estejam em seu coração.* Portanto, preciso ser orientado primeiro, preciso me abastecer para poder transbordar na vida dos meus filhos e na minha casa, e isso deve estar claro para todos.

Como anda a sua relação com Deus?

Os filhos são grandes espectadores dos pais. Você pode dizer o que quiser, mas, no final, é o que os pais fazem que conta. Timóteo, discípulo de Paulo e importante figura na divulgação do evangelho, tinha uma fé que era fruto do que existia em sua avó e em sua mãe, as quais ele observava. Paulo menciona isso em uma de suas cartas a seu discípulo: *Recordo-me da sua fé não fingida, que primeiro habitou em sua avó Lóide e em sua mãe, Eunice, e estou convencido de que também habita em você* (2Tm 1.5).

Nenhum dos conselhos deste livro terá êxito na sua família se os seus filhos não virem você praticando o que ensina.

Sabe o que eu quero no final da minha vida? Que os meus filhos olhem para mim e digam: "Este é o meu pastor! Foi ele que me ensinou um amor sem limites por Cristo; foi ele que me mostrou o caminho e me motivou a pôr Jesus como o Senhor e Salvador da minha vida". De nada adianta eu pregar para multidões, se não for exemplo para os da minha casa.

A QUESTÃO DO EXEMPLO É MUITO IMPORTANTE

Uma tarde, quando regressava do seu trabalho, um chefe de família encontrou os filhos (um menino e uma menina) em uma ardente rixa, gritos, trocando desaforos, xingamentos. E o pai, atônito, perguntou: — Gente, o que está havendo com vocês? — Ao que eles, imediatamente, responderam: — Nada! Só estamos brincando de pai e mãe.

Que tipo de exemplo na caminhada cristã você tem deixado para os seus filhos? Para o seu marido? Para os seus vizinhos? Por que se o seu filho não o vê lendo a Bíblia, como ele a lerá?

A semelhança com Cristo tem uma importância toda especial no casamento, pois o relacionamento conjugal é uma forma linda de demonstrarmos a glória de Deus. É o primeiro lugar para o qual as pessoas olham quando querem ver se realmente cremos naquilo que dizemos acreditar.

Você pode conhecer a Bíblia do começo ao fim, ter o dom da oratória e até viver servindo na sua igreja, mas, se o seu casamento é terrível, ou se a sua família está vivendo um fracasso, você será objeto de questionamentos.

Como ele pode tratar a esposa daquele jeito?

Por que ela desrespeita tanto o marido?

Aqueles filhos não respeitam os pais?

Se não fizermos o certo dentro de casa, pouco importa o certo que fazemos fora dela. Tem algo que me preocupa muito: querer empolgar amigos, vizinhos, pessoas do trabalho com o evangelho, quando a nossa família muitas vezes representa o amor de Cristo de forma negativa.

Pare e pense aqui comigo: imagine se o índice de divórcio nas igrejas fosse zero. Imagine se dentro das igrejas só tivéssemos casamentos que espalhassem amor. Que tivéssemos pessoas que perdoassem mais, machucassem menos e reagissem como Jesus reagiria. Se as famílias fossem locais de paz, harmonia e cumplicidade.

Que maneira espetacular de anunciarmos para o mundo que somos diferentes. Isso chamaria a atenção das pessoas. É isso que Deus deseja de nós. Nada menos que isso.

■ *Toque da Márcia*

A grande carta de amor

Eu gosto muito de histórias de amor, quanto mais romance melhor, acredito que a maioria das mulheres adora histórias lindas de amor com final feliz: "E eles foram felizes pra sempre".

Em muitas histórias de amor, existem as cartas de amor. É, sem dúvida, uma ferramenta muito importante nesses enredos.

Você já recebeu uma cartinha de amor no tempo do namoro?

Com certeza, foi marcante. Por falar nisso, entre comigo nesta história:

Imagina que você e o seu cônjuge estão vivendo uma história de amor, e ele vai de viagem a um local bem distante; nessa viagem ele sofre um acidente, mas você não pode visitá-lo porque ele está do outro lado do mundo; alguns dias depois ele falece, mas um amigo em comum conta a você que, durante os dias em que ele ficou acidentado, ele escreveu uma carta e disse tudo que gostaria de ter dito a você a vida toda.

Aquela era a última carta de amor dele para você.

Você leria essa carta?

Eu tenho certeza de que você daria tudo para ler essa carta, e que você a leria com todo afinco e paixão, pois era a carta de alguém que a amava muito.

Faz sentido?

Agora reflita:

- Você já leu a Bíblia toda, do começo ao fim?
- Você acredita que a Bíblia foi inspirada por Deus? Você acredita que ali tem os direcionamentos de um Pai que o ama, e que quer falar com você?
- Se você acredita nisso, se sabe que Ele o ama e se você O ama, por que ainda não leu a carta de amor que Deus deixou para você?
- É chegada a hora de lê-la e de receber as bênçãos dessa linda carta de amor em sua vida. ■

MUITO DA IGREJA E POUCO DE DEUS

A grande questão das pessoas nas igrejas em geral é que eles têm muito da igreja, mas pouco de Deus. Servem até em um ministério, frequentam os programas da igreja, nos grupos de WhatsApp é só palavra profética e oração, mas, dentro de casa, quando elas estão sozinhas, estão tão ocupadas que ficam sem Deus.

Quando estamos muito ocupados com as coisas de Deus e temos pouco tempo com Deus, a nossa vida corre perigo.

Muita gente se engana achando que já tem Deus, porque diz ser cristão.

Você não vira cristão porque fala dEle por aí, nem porque tem uma figura decorativa em uma estante ou um nome numa camiseta, nem porque você sabe cantar a música da moda, mas porque O tem no seu coração e como protagonista da sua vida.

O caminho é abrir a porta: *"Eis que estou à porta e bato. Se alguém ouvir a minha voz e abrir a porta, entrarei e cearei com ele, e ele comigo"* (Ap 3.21).

A regra é simples, você pode achá-Lo, mas você precisa ouvir Sua voz, arrepender-se e abrir a porta para Ele. Precisamos tomar decisões conscientes para que as coisas comecem a ficar bem estruturadas dentro de casa, e então termos condições de ser luz fora de casa.

Faz sentido? É do que você tem muito em casa que isso transborda para os outros. Pois eu só posso dar o que eu tenho. Se não estou vivendo isso na minha vida, dificilmente conseguirei transbordar isso na vida dos outros.

Precisamos envolver os filhos de tal maneira que eles se sintam parte de um chamado, não de uma concorrência, porque muita gente está perdendo os filhos porque a igreja é vista como algo que afasta a família em vez de aproximá-la.

Eu não quero ser como Davi, que ganhou o mundo e perdeu a família. Nem tão pouco como Noé, que salvou a sua família e perdeu o mundo. O meu sonho mais profundo é que com a minha família eu possa ganhar o mundo. Essa é a minha oração, esse é o meu foco e objetivo de vida.

A GUERRA DA IGREJA COM A SUA FAMÍLIA

Você já deve ter ouvido que o seu primeiro ministério é o seu lar. E de que nada adianta ganhar o mundo e perder a sua casa. Talvez até pense assim, mas termine agindo de forma diferente. Para isso, precisamos ter muito cuidado.

A família foi estabelecida antes da igreja, e o meu dever é antes de tudo com a minha família. Não posso negligenciar o meu primeiro ministério.

O mais triste é que muitos daqueles que frequentam as nossas igrejas e de alguns que servem em ministérios estejam deixando

DISTÂNCIA DE DEUS

de lado sua família. Eles sabem que os infiéis não herdarão o reino,[6] mas não se consideram assim.

Não tem como viver a sua fé em Deus e maltratar a sua família. Infelizmente há muitas pessoas na igreja que adoram ao Senhor nos cultos, mas negam seus familiares em casa. É tempo de compreender que ambos são inseparáveis.

Quantas coisas você tem dito que está dando a Deus, para deixar de honrar os seus pais? Quanto tempo você tem se ocupado com coisas de que não precisa, talvez até na igreja, e não tem dedicado tempo aos seus filhos?

Não desejamos ter pessoas que são ótimos servos na igreja e péssimos líderes em casa.

Esta passagem de Paulo a Timóteo é muito marcante pela dureza com que Paulo trata o assunto e como nos alerta do cuidado que devemos ter com os nossos familiares: *Se alguém não cuida de seus parentes, e especialmente dos de sua própria família, negou a fé e é pior que um descrente* (1Tm 5.8).

Imagine um cristão se tornar pior do que um descrente! Como pode um crente ser pior do que um incrédulo? Como pode alguém que nasceu de novo, cidadão do Reino de Deus, ser pior do que um que não crê em Deus?

Sim, isso pode acontecer. Ele diz "pior que um descrente" é a forma como Paulo diz que eu e você podemos negar a fé; não se trata de deixar de dar o dízimo, nem mentir, nem deixar de estar nas celebrações na igreja. Negar a fé é deixar de cuidar das pessoas da nossa família.

Você pode até ter fé, mas deixar de praticá-la. Pior do que não conhecer a verdade é conhecê-la e não praticá-la. Em 2Pedro 2.21, lemos: *Teria sido melhor que não tivessem conhecido o caminho da justiça, do que, depois de o terem conhecido, voltarem as costas para o santo mandamento que lhes foi transmitido.*

---

[6] 1Coríntios 6.9.

Quem conhece a verdade, mas não demonstra cuidado com a família não é comparado ao não crente; é pior do que ele. Por isso, precisamos priorizar a nossa família, seguindo assim o mandamento de Deus e sendo exemplo no cuidado deles; aproximando-nos mais das coisas de Deus e sendo dependente dEle.

QUANDO DEPENDO DE DEUS, ABENÇOO AS PRÓXIMAS GERAÇÕES

Em Joel 2.28, lemos:

> *E, depois disso,*
> *derramarei do meu Espírito*
> *sobre todos os povos.*
> *Os seus filhos e as suas filhas profetizarão,*
> *os velhos terão sonhos,*
> *os jovens terão visões.*

O que Deus está dizendo é: Eu quero todas as pessoas da sua casa; quero todo o mundo servindo, sendo útil e sendo uma bênção; a sua casa será uma casa de adoradores.

Temos que ter essa visão e a perspectiva desse plano de vida de Deus para nós. Se você não acreditava nisso, saiba que era o inimigo querendo roubar de você seu bem maior. Não permita! O projeto de Deus é que você e a sua casa sirvam ao Senhor.

Se, por acaso neste momento alguém da sua família está afastado de Deus, lembre-se: afastado não quer dizer perdido. Deus não se esqueceu dele, nem de sua promessa, e Ele quer que você faça algo hoje para abençoar essa próxima geração. Pense no que pode fazer para restaurar a comunhão dessa pessoa com Deus.

Eu me lembro de escutar pela primeira vez, o pastor Luciano Subirá trazendo uma reflexão sobre a história do Rei Ezequias (2Reis 20.1-6) por uma nova ótica, ele lembra que diante da morte, o rei Ezequias pede mais tempo de vida a Deus, que em troca ordena: *Põe ordem na tua casa.*

Infelizmente a história diz que Ezequias não cumpriu essa ordem, e, por não ter cuidado bem de sua casa, Ezequias deixa um filho, seu sucessor, Manassés, que se tornou um dos reis mais cruéis mencionados na história da Bíblia.

Deus concedeu mais quinze anos de vida a Ezequias, anos nos quais ele deveria ter feito o que Deus lhe dissera: cuidar de sua casa. Entretanto, ele se esqueceu de pôr sua casa em ordem e negligenciou a própria família.

Resultado: Manassés foi um dos reis mais perversos da história de Israel. E você? Quanto tempo mais tem de vida?

Será que Deus hoje quer dizer que você deve pôr ordem na sua casa? O que ainda existe na sua casa que não está conforme os propósitos de Deus e que você precisa mudar?

Qual é o seu legado familiar?

Manassés derramou muito sangue inocente, e o seu filho Amom, neto de Ezequias, seguiu o mesmo caminho do pai. Veja a que ponto pode chegar uma educação falha. A história de Manassés é tão pecaminosa, que o profeta Jeremias é usado por Deus para responsabilizar uma única pessoa, por tudo que viria a acontecer de ruim, ele fala: *Eu farei deles uma causa de terror para todas as nações da terra, por tudo o que Manassés, filho de Ezequias, rei de Judá, fez em Jerusalém* (Jr 15.4).

Que notícias você quer ouvir do seu filho? O que você tem ensinado a eles durante todo o dia?

O que Ezequias precisava ter feito era pôr sua casa em ordem, ter acompanhado os filhos, ter tido tempo de qualidade, momentos com Deus em família, empolgado, motivado, envolvido e coberto os filhos com as coisas de Deus. Isso é guiar os filhos no caminho em que devem andar.

Nós já sabemos do perigo que é uma família sem Deus; resta agora a cada um de nós entender que legado gostaríamos de deixar para a próxima geração.

MAIS PARECIDO COM DEUS

Uma coisa tenho aprendido na minha jornada depois que conheci a Cristo é que, *QUANTO MAIS ME APROXIMO DE DEUS, MELHOR É A FORMA COM A QUAL EU REAJO PERANTE AS PESSOAS QUE ESTÃO À MINHA VOLTA.* Se parar para analisar, verá que as pessoas que constroem uma relação de intimidade maior com Deus muito provavelmente conseguem se relacionar melhor com os outros.

Essas pessoas são mais pacientes, mais sábias, escutam, têm a capacidade de se pôr no lugar do outro de uma forma mais natural e, na maioria dos casos, atraem pessoas que querem ficar perto delas. Normalmente não são pessoas que se iram, que se zangam, nem agridem aleatoriamente quem passa pelo caminho. Quanto mais próximo de Deus estou, mais parecido fico com Ele e abençoo muito mais a minha família e as pessoas com as quais convivo.

Por outro lado, eu ainda não encontrei uma pessoa que estivesse cheia de Deus e fosse grosseira, ignorante, que desrespeitasse o próximo, que não valorizasse as pessoas ou que não exercesse empatia, amando ao próximo como a si mesma.

Intimidade com Deus é algo que nunca é demais, e quem usufrui disso tem uma vida muito melhor; por isso, para proteger a nossa família, precisamos buscar ser mais semelhantes a Ele. Nossa missão é ser imitadores de Cristo,[7] dentro e fora de casa.

A proposta de Deus para a vida humana, por meio de Seu Filho Jesus, é que tenhamos um relacionamento pessoal. Ele veio para criar uma conexão direta entre nós e o Pai,[8] a prioridade da nossa vida. Para isso, precisamos seguir o manual do fabricante que é a Bíblia, lendo a Palavra do Senhor e meditando nela, orando a Deus, criando ainda mais intimidade com o Pai, buscando dessa forma uma vida de santidade[9].

[7]1Coríntios 11.1.
[8]João 14.6.
[9]1Pedro 1.15.

DOZE MANEIRAS DE TER UMA CONVERSA MAIS ÍNTIMA COM DEUS

No nosso livro *6 segredos da comunicação*, já mencionado, trazemos uma ação importante para aumentar a intimidade com Deus e que poderá fazer diferença na sua vida e na da sua família.

A Bíblia nos lembra de que devemos nos aproximar de Deus, e Ele se aproximará de nós[10] e nos fala, em Jeremias 33.3: *Clame a mim, e eu responderei e lhe direi coisas grandiosas e insondáveis que você não conhece.* Portanto, com mais intimidade poderemos receber de Deus coisas grandiosas que nem sequer conhecemos. Preparado para viver isso na sua família? Siga os nossos doze passos abaixo:

1. Ponha Deus em primeiro lugar
Não tem como você construir intimidade com Deus se você não o puser em primeiro lugar na sua vida. Simples e direto.

2. Ganhe tempo
Você quer mais intimidade com Deus? Precisa de tempo para isso. Então, chegou a hora de se livrar de coisas que tomam conta do seu tempo e que não edificam a sua vida. Se você gasta tempo com celular, redes sociais, salão de beleza, futebol, televisão, mas não tem tempo para Deus, precisa mudar as suas prioridades.

3. Medite
Limpe a mente do excesso de informações que nos ronda a todo momento para poder enxergar o que realmente vem de Deus; essa atitude pode mudar o nível de intimidade das suas conversas com Deus. Então, crie o hábito: antes de orar, tente esvaziar-se do corre-corre do mundo e encha-se de Deus.

[10]Tiago 4.8.

4. Leia a Bíblia

Para ter intimidade com o seu cônjuge ou com um amigo mais íntimo, você se dedicou a conhecê-lo melhor, não é mesmo? O mesmo se faz necessário com respeito a Deus. A Bíblia é a Palavra de Deus, e, se você quer ter mais intimidade com Ele, precisa dedicar um tempo para entender o que Ele quer dizer a você.

5. Separe, pelo menos, um tempo definido de oração

Se você deseja ter mais intimidade com Deus, é muito importante que tenha pelo menos um momento de oração regular. Que tal 15 minutos? O que você faz em 15 minutos? Se você começar esse hábito regular, saiba que a sua vida vai mudar.

6. Dedique-se

Não será fácil mudar alguns hábitos, mas, para ter mais intimidade com Deus, você precisará se dedicar, fazer disso uma rotina e uma busca pessoal. Os resultados são maravilhosos, mas, como tudo que traz bons resultados, isso também exigirá certa dedicação. Lembre-se: ninguém pode fazer isso por você.

7. Busque a Deus

Para ter intimidade, você precisa mudar de atitude. Tudo vai aparecer para roubar a sua atenção, tirar seu foco ou deixá-lo cada vez mais ocupado. Mas é exatamente nessas horas que você precisa escolher. Escolha Deus e tenha uma atitude que o aproximará dEle.

8. Envolva-se com as coisas de Deus

Deus tem um propósito para a vida de cada um de nós e, é claro, quando nos envolvemos com as coisas de Deus, comprometemo-nos cada vez mais com o projeto dEle. Participar de uma comunidade de fé e seguir seus mandamentos de *ir por todo o mundo*, por exemplo, são ações que podem nos fazer mais cheios de Deus.

9. Afaste-se do pecado

Não é possível ter lama e água cristalina em um mesmo recipiente; uma tomará o lugar da outra. Dependendo do que for mais abastecido, daquilo que você mais colocar no recipiente, ou lama ou água pura tomará todo o espaço. Portanto, se você quer ter mais intimidade com Deus, precisa se afastar das coisas que não agradam a Ele.

10. Obedeça a Deus

Ter respeito e reverência a Deus é necessário para que estejamos mais próximos dEle; conseguimos isso quando Lhe obedecemos. Quando, em vez de fazer as coisas que o nosso coração enganoso quer, avaliamos o que Jesus faria no nosso lugar, permitimo-nos decidir pelo correto, pelo que Ele quer de nós.

11. Confie em Deus

Se queremos ter intimidade com Deus, precisamos confiar nEle, entregando-nos verdadeiramente, vivendo na dependência dEle e na certeza de receber o que esperamos por fé.

12. Agradeça a Deus

Em tudo devemos dar graças, já diz a Palavra de Deus. Comece o dia agradecendo a Deus: pelo sol, pela chuva, pelo ar, pela vida. Independentemente da sua situação hoje, você precisa agradecer a Deus. Ele está, sim, trabalhando na sua vida, e a vitória chegará a todos aqueles que temem a Deus. Se aquilo que você tanto espera ainda não chegou, agradeça pelo que Ele já lhe deu.

PRINCÍPIOS QUE PROTEGEM FAMÍLIAS

Os princípios são as normas ou os padrões de conduta que regem uma pessoa ou um grupo de pessoas. Dizem respeito à essência de algo e para mim, em especial, norteia a própria vida. A minha vida se baseia totalmente em princípios, e sempre digo aos meus filhos que podemos fazer qualquer coisa na vida, menos ir contra os nossos princípios. Deus é um Deus de princípios; a Bíblia está repleta de princípios e é dela que extraímos o guia para proteger a nossa família. Veja abaixo alguns princípios que podem ser fundamentais para ajudar você a elencar as prioridades certas para a sua família.

Princípio 1: Busquem o Senhor em primeiro lugar

Busquem, pois, em primeiro lugar o Reino de Deus e a sua justiça, e todas essas coisas lhes serão acrescentadas (Mt 6.33).

A sociedade nos dará tal empoderamento que, quando menos esperarmos, acharemos que podemos conseguir tudo por nossa própria capacidade. Sem nos dar conta, nos veremos tão envolvidos com os desafios da vida que nos afastaremos de Deus e cada vez mais saciaremos o nosso ego.

Por buscarmos tanto os nossos interesses e vontades, terminamos não esperando a vontade Deus se manifestar na nossa vida, e o que deveria ser a bênção dEle termina sendo o primeiro atalho que encontramos à nossa frente; depois de perder o caminho que deveríamos ter seguido, nos damos conta de que deveríamos ter esperado em Deus.

O versículo de Mateus, que é um dos mais conhecidos da Bíblia, é um princípio importante para protegermos a nossa família, pois ele se baseia na confiança plena no Senhor; trata-se de uma indicação para sermos verdadeiramente dependentes, em todas as áreas da vida. E isso significa algo difícil para muitas pessoas, que é esperar a orientação de Deus antes de cada passo, de cada decisão, mesmo em situações aparentemente não tão importantes.

Quando eu compreendo que tudo tem a ver com Deus, que em tudo eu tenho que dar prioridade a Ele, então começo a diminuir o meu eu, e Ele cresce dentro de mim. Erramos quando tentamos inverter essa ordem, quando os nossos interesses ou outras pessoas ocupam o primeiro lugar.

DISTÂNCIA DE DEUS

A decisão tem que ser de amar a Deus sobre todas as coisas, com todo o coração e de todo o entendimento,[11] lembrando sempre que Ele é o nosso Criador e que não seríamos nada sem Ele. Os frutos serão a consequência natural nesse processo.

Princípio 2: Deus se aproxima de quem se aproxima dEle

Aproximem-se de Deus, e ele se aproximará de vocês (Tg 4.8).

Deus quer ter mais proximidade com você, mas para isso você precisa se achegar a Ele. Ele é tão gentil conosco e nos ama tanto que nos dá o livre arbítrio; podemos ou não usufruir de sua presença em nossas vidas. Essa é uma escolha nossa. No entanto, para podermos blindar a nossa família, devemos estar mais fortalecidos na Palavra de Deus, mas próximos dEle, para dessa forma sermos mais semelhantes a Ele.

A única maneira de nos aproximarmos de Deus é através de Jesus.[12] Caso você ainda não tenha entregado a sua vida a Cristo, precisa dar esse passo, arrepender-se dos seus pecados e reconhecer Jesus como Senhor e Salvador para poder ter uma relação direta com Deus e a vida eterna.[13]

O pecado nos afasta de Deus, mas Jesus veio para pagar o preço por nossos pecados, para desse modo nos aproximarmos mais de Deus sem medo de castigo,[14] nem com nada que se interponha entre nós e Deus.

Aproximar de Deus é como cultivar uma amizade. A amizade se aprofunda conforme mais tempo você passa junto com uma pessoa. Quanto mais tempo você passar com Ele, mais próximo você ficará dEle.

---

[11]Mateus 22.27.
[12]João 14.6.
[13]Romanos 10.9.
[14]2Coríntios 5.18,19.

Essa busca precisa ser de todo coração, em espírito e em verdade.[15]

Deus sempre sonda o nosso coração e quer extrair sinceridade do nosso interior; por mais que Ele saiba de todas as coisas, Ele deseja nos ouvir, buscar e demonstrar. Ore a Deus, avalie de que formas você pode se aproximar mais dEle e tenha isso como alvo de vida para ser exemplo e não apenas viver uma vida melhor na presença dEle; desse modo, contagiará positivamente a sua família, refletindo a imagem de Cristo nas suas atitudes.

Princípio 3: A edificação da casa só será forte com o Senhor

> Se o Senhor não edificar a casa, em vão trabalham os que a edificam; se o Senhor não guardar a cidade, em vão vigia a sentinela (Sl 127.1).

A construção de uma família precisa ser alicerçada em Deus. Sem Ele é impossível ter uma família saudável; para isso, submeter o nosso lar a Deus e deixar que Ele o edifique, evitará que a nossa casa seja destruída ou dividida. Obviamente que isso não acontece por acaso; é algo que precisa ser constituído sobre a rocha sólida de sua Palavra.

Tenhamos o cuidado de não cometer dois erros comuns:

1. Confiar na nossa própria capacidade e conduzir a família de modo aleatório sem o devido respaldo de Deus.
2. Negligenciar a nossa responsabilidade e achar que Deus fará tudo por nós e que não precisamos fazer nada.

O ditado popular que diz que temos que orar como se tudo dependesse de Deus, mas trabalhar como se tudo dependesse de nós é bem real no princípio de edificar o lar na presença do Senhor.

---

[15]João 4.23,24.

Somos nós que temos como missão edificar a nossa casa, não faremos sem Ele, mas precisamos fazer a nossa parte. A crença do "lar, doce lar" é coisa de conto de fadas, não é real. Só será realidade com muito trabalho e vontade. Você merece ter um lar doce e seguro, sem abuso, sem traição, nem mentira ou divórcio.

Para ter uma família edificada por Deus, sugiro alguns passos:

- Ore individualmente pela sua família.
- Orem sempre nas refeições.
- Orem antes de sair de casa.
- Faça da oração algo necessário para qualquer passo que a sua família der.
- Faça o culto doméstico.
- Ensine os filhos por meio do exemplo.
- Esteja com eles em uma igreja.
- Sirva em um ministério.

Conclusão

A jornada começa agora

Há uma história da qual eu gosto muito.

Um pai bastante ausente durante o crescimento de um filho de 6 anos, certo dia, com aquele peso na consciência pega o filho para passear. Ele diz ao filho que durante todo aquele dia eles irão brincar de "seu rei mandou", e tudo que o filho pedir o pai fará. O filho fica surpreso e muito feliz, e começa a pedir: "Pai, quero ir ao McDonald's", e o pai diz sim. "Pai, eu quero um jogo novo de *videogame*", e o pai diz sim. "Pai, agora eu quero tomar sorvete", e o pai diz sim. "Pai, quero ir ao parque", e o pai diz sim. Lá no parque ele pede pipoca e o pai diz sim, ao sair do parque vão jantar na pizzaria preferida do garoto e assim se passa aquele dia dos sonhos.

Ao chegar à casa, o filho pede ao pai que o ponha para dormir, e, no momento que o pai vai cobrir o filho, uma surpresa para o pai. O filho fala: "Pai, vamos orar?". O pai não tinha esse hábito, mas escuta a oração do filho que diz: "Deus, faz de mim um homem igual ao meu pai..."

O pai fica meio desconsertado, vai embora, chega ao seu quarto e ora: "Deus, Deus, por favor não faz do meu filho um homem igual a mim, não ouça a oração do meu filho. Porque eu sou adúltero, viciado em álcool, pornografia; eu minto e engano as pessoas no meu trabalho e eu não quero jamais que o meu filho seja igual a mim."[1]

Eu não sei que oração você poderia fazer hoje pelos seus filhos, mas depois de aprender sobre os perigos que rondam a nossa família, a melhor proteção é ser pessoas melhores, ser exemplos do que queremos que eles venham a ser quando crescer; essa é a melhor estratégia na batalha que as famílias enfrentam.

Você só conseguirá que as suas crianças sejam melhores se você for melhor. É chegada a hora de seguir. Agora já sabemos onde estão as armadilhas; reconhecemos que a família é muito mais um campo de guerra do que um parque de diversões e precisamos agir para proteger o nosso bem mais precioso. O trabalho, o *hobby*, aquele esporte preferido, nem mesmo o ministério na igreja é mais importante que a sua família.

O que adianta, por exemplo, como pastor eu ganhar inúmeras famílias para Cristo e perder a minha para o diabo? Na hora do desespero as pessoas dizem que farão tudo pela família. Mas por que não fazer antes? O que você precisa fazer para se qualificar, melhorar e com isso proteger a sua família?

Muitas vezes, procuramos desculpas para ler um livro, para fazer um curso ou mesmo para participar de uma palestra. Às vezes não nos dedicamos a ver um vídeo que nos ajudará em algo relacionado à família, mas assistimos a todas as partidas de futebol do nosso time ou a seriados na TV.

O futuro é construído exatamente pelas ações que tomamos, não pelas desculpas que apresentamos.

É importante equipar-se e capacitar-se para essa jornada de desafios. Portanto, participar de cursos, seminários, encontros de casais e conferências para a família são programas fundamentais para melhorarmos na função mais desafiante da terra que é cuidar da nossa família.

---

[1] [NE] História popular de domínio público.

Hoje você pode ter acesso a muitos recursos que podem edificar a sua família, como artigos, cursos, e-*books* e vídeos. No nosso *site* você encontrará uma série de recursos que o ajudarão nessa jornada.[2] A TvA2, que é o nosso canal do YouTube, tem centenas de vídeos gratuitos que o ajudarão também nessa missão. Ter o hábito de assistir à TvA2 toda semana, sem dúvida será um diferencial nesta fase que você pretende melhorar.

Decidir começar e agir é o primeiro passo. Isso só depende de uma pessoa: VOCÊ.

Quer você seja pai, mãe, avô, avó, tio ou tia, todos têm um papel na sua família — proteger os seus. Porque na espaçonave família não tem passageiros; todos somos tripulantes e temos um papel importante a exercer.

A família é um hospital de recuperação para os doentes e um campo de treinamento para os grandes embates da vida. Na família não somos aceitos pelas nossas virtudes, mas apesar de nossos defeitos. É preciso entender isso para viver melhor em família.

No entanto, jamais faremos isso sozinhos; precisamos de Deus. Chegou a hora de parar de querer resolver tudo no braço; há coisas que precisam da nossa ação, mas nada pode ser feito sem a presença divina, sem a comunhão com Deus.

O renomado conferencista e escritor Josué Gonçalves diz em seu livro *Construindo um céu em casa*:

> A família é um projeto cuidadosamente elaborado que nasceu no coração de Deus; por isso, ninguém melhor do que ele mesmo para dizer como ela deve ser e funcionar. O manual com todas as instruções para o funcionamento ideal da família é a Bíblia Sagrada. Ler e praticar todos os preceitos nela registrados é o maior segredo para quem deseja construir um ambiente do céu em casa.[3]

---

[2]Ver: <www.marciaedarrell.com.br>.
[3]GONÇALVES, Josué. *Construindo um céu em casa*. 1.ed. Rio de Janeiro: Thomas Nelson Brasil, 2013. p. 13.

Ler a Bíblia, aproximar-se das coisas de Deus e intensificar o nosso tempo com Ele é tão fundamental como o ar que respiramos. Isso precisa ser algo tão intrínseco na nossa vida nesta nova jornada que precisamos sentir falta quando não puder ser feita. Esse é o grande combustível que precisamos para nos fortalecer nessa batalha.

O autor Howard Hendricks esclarece:

> Você nunca cumprirá a tarefa como pai cristão, como um parceiro de um relacionamento dinâmico, sem o Senhor. Você nunca será bem-sucedido, mesmo redobrando seus esforços ao acordar mais cedo e dormir mais tarde. Você somente se frustrará, e não há nada comparável ao sofrimento de uma criação de filhos fracassada.[4]

Mas lembre-se de que Deus só fará o que você não pode fazer; para todas as outras ações, você precisa se mexer, sair da comodidade e começar a agir, e dessa forma proteger a sua família no sentido de prevenir acidentes que a vida disporá ao longo do caminho.

Sempre que observo a história de Abraão, fico empolgado com a coragem dele. Ele é a única pessoa que a Bíblia chama de amigo de Deus.[5] Abraão era uma pessoa comum, assim como nós. Ele enfrentou muitas das dificuldades que nós enfrentamos — e foi bem-sucedido em lidar com elas, deixando um legado por gerações; além disso, de sua descendência veio Jesus. Abraão teve uma vida plena e empolgante, muitas vezes desafiadora, mas de modo algum sem sentido. Ele saiu da zona de conforto e passou para a zona dos milagres, deixando um legado para sua descendência.

---

[4] HENDRICKS, Howard G. *Ajuda do céu para o seu lar: construindo uma família saudável e filhos felizes em tempos desafiantes*. Rio de Janeiro: Habacuc, 2008. p. 19.
[5] 2Crônicas 20.7; Isaías 41.8.

A questão é que muitas vezes não queremos sair do nosso conforto, porque cremos que, embora nada seja perfeito, há pessoas em piores situações, ou então que nada vai acontecer conosco, e assim vamos levando a vida como "Deus quer". Será que é assim mesmo que Deus quer?

Muitas vezes pensamos que o que pode destruir uma família é um acontecimento muito grave, como um sequestro, um assassinato ou uma catástrofe, mas na verdade isso é muito difícil de ocorrer. O que destrói mesmo as famílias, na maioria das vezes, são coisas que não acontecem de uma hora para outra.

A maior parte dos grandes problemas que as famílias enfrentam hoje em dia começaram bem pequenos. Por vezes uma falta de atenção, uma palavra mal-empregada, ou a falta de tempo dos pais para ensinar, conversar ou entender, ou mesmo a falta de preocupação com relação ao círculo de amizades dos filhos.

Com tudo isso vamos nos acomodando ou fingimos não notar, e aquela poeira pequena vai se juntando debaixo do tapete e um dia nos derruba.

Por isso, você precisa agir e reconhecer que em alguma área você pode ter se acomodado. Agora conhecedor dos perigos que cercam a sua família, pule de fase e passe para a zona dos milagres na sua casa.

Abraão precisou sair da zona de conforto para poder ser agente dos milagres de Deus em sua descendência. A Palavra de Deus diz:

Pela fé Abraão, quando chamado, obedeceu e dirigiu-se a um lugar que mais tarde receberia como herança, embora não soubesse para onde estava indo (Hb 11. 8).

Por meio dos seus descendentes eu abençoarei todas as nações do mundo, pois você fez o que eu mandei (Gn 22.18, NTLH).

Abraão tinha um alvo muito claro: sua família influenciaria o mundo. Ele passou por muitas dificuldades, mas não desistiu, ainda que motivos não lhe faltassem para jogar a toalha, permaneceu e deixou um legado por gerações.

Tudo aconteceu por obediência desse homem de fé aos planos de Deus. Crescemos quando Jesus pode continuar trabalhando em nós. Ele tem uma obra para realizar, não somente através de nós, mas em nós, e essa obra começa agora, para que você, assim como Abraão, também deixe um legado que faça diferença em muitas gerações.

Sua jornada começa agora! que Jesus abençoe a sua família. Parabéns pela coragem, pela decisão e por suas novas atitudes. Os seus filhos e netos agradecerão.

Vamos orar?

"Senhor Deus, como eu preciso de ti. A minha família é o maior presente que tu me deste, e eu quero honrar esse presente cuidando deles com excelência assim com tu tens cuidado de mim. Vem, Senhor, e mostra-me onde estão os perigos e como posso proteger e cuidar melhor de cada um dos meus, para que eu seja como tua imagem e semelhança no meu lar. É o que eu te peço e já te agradeço, na certeza de que está começando uma fase linda de milagres na minha vida. Em nome de Jesus. Amém."

Sua opinião é importante para nós. Por gentileza envie seus comentários pelo e-mail editorial@hagnos.com.br

Visite nosso site: www.hagnos.com.br

Esta obra foi impressa na Imprensa da Fé.
São Paulo, Brasil.
Inverno de 2019.